企业盈利

company profits

破局

◎ 杨可以 著

经济管理出版社

ECONOMY & MANAGEMENT PUBLISHING HOUSE

图书在版编目（CIP）数据

企业盈利破局/杨可以著.—北京：经济管理出版社，2016.8
ISBN 978 - 7 - 5096 - 4532 - 1

Ⅰ.①企… Ⅱ.①杨… Ⅲ.①企业管理—研究 Ⅳ.①F270

中国版本图书馆 CIP 数据核字（2016）第 183740 号

组稿编辑：丁慧敏
责任编辑：丁慧敏
责任印制：黄章平
责任校对：王　淼

出版发行：经济管理出版社
　　　　　（北京市海淀区北蜂窝 8 号中雅大厦 A 座 11 层　100038）
网　　址：www. E - mp. com. cn
电　　话：(010) 51915602
印　　刷：三河市海波印务有限公司
经　　销：新华书店
开　　本：720mm×1000mm/16
印　　张：12
字　　数：158 千字
版　　次：2016 年 9 月第 1 版　2016 年 9 月第 1 次印刷
书　　号：ISBN 978 - 7 - 5096 - 4532 - 1
定　　价：38.00 元

自　序

先说下我的情况，因为大家一开始说到我的名字都觉得非常好笑，说我的名字怎么叫杨可以，太逗了，简直就像个笑话。其实不是像个笑话，我本来就是个笑话，人生不就是我笑话笑话别人，再让别人笑话笑话我吗？人如果是个笑话，生活不也是个笑话吗？生活经常和人开玩笑，所以人生就是一个笑话。企业也一样，关键是如何才能笑得更灿烂和更持久。其实在任何时代，商业都充满危机、生机和转机，但只要随着时代脉搏不断顺势变化、升级，一切都会是美好的、阳光的、幸福的。念念清风起，步步莲花生！

众所周知，中国经济从高速增长演变成稳定低速增长，这一增长时期就是中国经济发展的新时期，我们称之为中国经济新常态。中国企业在新常态下面临着不可预知的危机，同时又充满了无限的生机，在经济发展的又一个十字路口，让无数企业家焦虑：商业不转型是等死，盲目转型又等于找死。李克强总理提出"互联网＋"新经济模式后，新常态、新未来、新格局、新契机变成了所有企业家的命题。

我个人对于中国经济发展有些小兴趣、小研究，并且在走访 100 多家企业后有一些小心得，在经历 300 多场大大小小商业研讨会后有了一些小经验，当然也曾担任几十家企业的顾问和一些商会协会联盟的主持，也做过一些大学 MBA 和 EMBA 方面的客座教授，所以对当下企业和未来企业有些许看法，所以针对商业模式的企业盈利编辑成书，供大家参考研讨，由于资料素材庞大，本人精力有限，才疏学浅，如有不到之处，敬请包容，如若书中案例雷同，敬请海涵！

说到本书的缘起，其实一直有这个念头，由于职业的关系，经常有机会与全国优秀企业经营者分享商业新模式，同时也听取和调研了数百家企业的经营困局，历经三年多，我们系统地对这些企业进行大数据分析，同时融合国内外高级经济学家和企业家卓有成效的运营经验，融合成具有中国特色的《企业盈利破局》一书，这是一本为中国企业家、职业经理人和创业者编制的财富宝典，通过当下企业现况分析、政策与商业趋势走向及成功案例模式解码、商业故事见证和实质问题反思以及顶层设计，让你轻松找到适合自己企业发展的盈利模式。

英雄造势，智者顺势。对中国企业管理者而言，这本书里也许有你想要的答案，也许不一定是全部，但只要有一点你用得着，就是我写这本书的最大价值，未来的中国经济缺的一定不是机会，而是发现机会的眼光，未来商业格局一定属于一群善于改变、愿意改变并懂得欣赏的年轻人，年轻人能打出一片新的江湖。只要你坚信书中的一些观点，深信你自己，你一定能走出一条具有企业特色的、可持续发展的道路。

我们一直坚信：眼界决定境界、想法决定活法、思路决定出路、格局决定结局、产业决定未来！

由于各种错综复杂的因素，三年后的今天本书还能成功上市，当然离不开众多亲朋好友（贵人）的支持与帮助，我感到相当兴奋、非常不容易、非常感动！

请允许我感恩为本书付出和支持的工作伙伴王欣、张晓林、张杰、李兆阳、李丽君等。另外，我还要感谢良师益友俞敏洪、刘一秒、徐小平、熊晓鸽、陈安之、朱忠慈、刘景澜、梁建国、曾江、杨飞云、赵宏亮、梅宇迪、杨添亿、杨平、关新、杨丹等。需要感谢的人实在是太多了，就不一一列举了！

其实我写书、录影、演讲、培训、策划、咨询的目的只有一个，就是希望越来越多的人重新认识世界；我们始终以感恩之心尽自己所能，天地之间，皆为用心之处！

杨可以

2016 年 5 月 20 日于广州

前　言

　　企业的生存之路越来越窄，既有企业自身的格局问题，也有经济大环境的困扰，更多地受限于企业老板的经营理念和思维。任何一个点都是企业难以突围、难以持续盈利的桎梏。

　　作为一个企业顾问，所遇企业问题形形色色，但最后都归在一个点上，企业缺少持续的动力。不论是内在管理问题，还是外在资金问题，都是不变通、不创新的商业模式出了问题。通过梳理整个商业经济的大环境，笔者发现，如今已是互联网、移动互联网的天下，传统企业不能再一条道走下去，再坚持传统的打法，必定将自己逼进死胡同。兵书言，知己知彼方能百战不殆。传统企业的突围之路就在于知己知彼。知己，就是要认识到企业自身存在的软肋，对症下药，既要下猛药，又要下对药。知彼，就是要明悉别人的出牌套路，借他山之石攻玉，哪怕是照搬复制也不能坐以待毙。

　　这是一个最好的时代，人人都可以找到新的商业模式，随意跨界，创造无限可能；这又是一个最坏的时代，处处留意被打劫，又找不到打劫的人，无边界竞争状态下，人人自我创新又人人自危。

　　正是基于这些困惑，笔者想写一本有利于企业自我突破的书。从分析经济环境企业生存困境着手分析，导出互联网思维。意在跟读者共同发现商业经济的未来发展趋势，让企业真正做到审时度势，才能拥有新的思维模式，不被颠覆，认清商业经济的发展趋势，既要活下去，又要活得久、活得好。

鉴于笔者本人和团队在商业创新方面有多年的探索和实操经验，也曾经辅导过不少企业走出困境，加之我们平台上的合作会员和商业伙伴已经在共创共赢中实实在在地得到利益和实惠，使得笔者更加有信心分享自己的一些心得体会，想给一些企业以借鉴和引导。

笔者一直认为，企业能否被颠覆的要领在于有没有一套属于自己的商业模式。好的商业模式不但可实现持续盈利，还能带动其他相关行业进行良性循环和互动。

书中通过大量经典商业模式案例、企业盈利案例以及企业失败案例的分析、总结，让读者在收获知识的同时，也学会分析行业和自己企业模式的利弊，知道企业盈利点在哪儿，避免失败的策略是什么。

商业模式如果新颖卓越，就会吸引很多其他资源。你若盛开，蝴蝶自来，真正意义上实现项目对接、资源对接和资金对接。如果以上三点对接能顺利实施，企业从实业运营转向资本化运营就水到渠成。而做到这些，需要的不仅是企业的单打独斗，更需要抱团取暖，借助平台的力量，借力使力。真正实现企业"三驾马车"并驾齐驱，既有资本，又有人脉，还有品牌。

最后，笔者个人认为，最好的商业模式就是共赢或多赢。一个人不能打天下，我们需要的是一个善行善念、持续良好的商业模式。

真正实现：功在企业，利在未来。

本书一共分为七章，从第一章反思企业倒闭之痛引发的内忧外患开始，打开互联网思维，从而推导出第二章，即互联网的经济大趋势。第三章引出商业模式创新、移动互联网时代的商业模式创新，以及企业资本化运作路线。第四章对一些知名企业互联网商业模式进行案例分析，让读者切实体会什么才是真正的互联网商业模式。第五章从商业模式过渡到资本运作，因为任何一家企业的运作，商业模式和资本都是关键，企业实现资本增值才是王道。第六章提出商业模式顶层设计的几个要点，并在第七章用平台的战略思维作为全书总结。读者既可以从第一章贯穿全书读，亦可以单独任选某一章读，都能有所收获。

当然，想要把自己的思想转化成文字，总有意不能达的遗憾。在本书的写作过程中借鉴了很多商界前辈和经济学家、商业领袖的观点和思路。三人行，必有我师。商业经济社会永远不缺精英和巨人。我们站在巨人的肩上才能看得更远。当然，书中有很多不足之处，敬请同行和读者指正，让我们共同成长和进步。

目 录

第一章　生存还是毁灭？
所有企业都面临的困境

互联网风口上的猪，飞起来的少，摔死的多。企业要从困境中突围，先打通思维防火墙。

很多行业发展到一定程度都会遭遇"天花板"或者陷入生命周期，生存还是毁灭是一个现实问题，面对新型的互联网经济剿杀危机，企业是不改商业模式坐着等死还是盲目转变商业模式而转死？成了摆在每一个传统企业面前急待解决的问题。无论是纯粹的互联网公司还是传统企业，如果没抓住机会，未来都会有风险。

一、当下企业面临的外忧

"活不长"现象

中国的大小企业无论是自发还是被迫，都走上了经济发展的高速路，纷纷开始蜕变。蜕变过程中死掉的不在少数。新闻媒体曝光其倒闭潮、关店潮、携款跑路潮甚至还有不堪重负的老板自杀等,层出不穷。

有一些知名案例:

先有瑞星被奇虎360取代,电信被微信超越,再有手机龙头大佬诺基亚消失得壮烈又无奈,而苹果却被乔布斯上演成"禅级"神话。这一系列商业现象说明一个问题,商业的变革时代来临。活不长的企业太多,活不好的企业更是数不胜数。还有很多昔日的大型传统企业更是哀鸿遍野。2015年,万达百货遭遇寒流,一半门店处于亏损状态,更是在全国关闭了45家门店,而英国最大连锁零售商玛莎百货也于2015年8月关闭了在华的5家门店,与此同时,麦当劳也在全球关闭700家店,其中在中国关闭80家左右。而波司登作为中国本土最大的羽绒服生产商,从2014年开始马不停蹄地关闭了3436家羽绒服零售网点……

我们再看震动比较大的几条倒闭消息:

东莞某电子厂,大部分员工难得享受了长假。让他们"乐极生悲"的是,假期结束回厂时,却发现生产线已被拆除。有传闻称,相关的生产线要搬至泰国。

福昌集团,这家拥有3800名员工的华为、中兴的一级供货商,曾经的深圳明星企业,倒闭了。公司发布《关于公司放弃经营及涉及员工权益的通告》,称因公司涉诉、银行收贷,导致公司资金链断裂,现决定即日起停止生产,公司放弃经营。倒闭消息传出后,约有3800名员工连续两天在工厂门口拉横幅,要求管理层出面,并到工作所在的龙岗区政府门口游行示威,要求企业管理层出面支付拖欠工资,并请求政府介入,让福昌集团按《劳动法》赔偿工人。多位参与维权的供应商表示,福昌集团拖欠他们的钱款多则数千万元,少则几十万元,大部分在百万元级别。

中显集团传出股东跑路的消息，而位于惠州的创仕科技于 10 月 15 日停产。据悉，中显集团共欠下 6 亿元债务，创仕则高达 10 亿元，两家企业的倒下给数百家供货商造成的损失远超刚刚倒闭的深圳福昌集团。中显集团位于安徽黄山休宁县的生产基地出现供应商讨要货款、员工讨要工资的混乱场面。有供货商在中显集团位于深圳盐田的工厂写字楼大门上贴出"中显集团转移资产、中显集团股东洗钱跑路，老板涉嫌转移资产"、"请还我血汗钱"的大字报。有个别情绪激动的供货商甚至想跳楼。

一家大型制造商倒闭，很可能引发上游上百家配套企业跟着破产倒闭并形成更大规模的失业潮。仅以包装印刷业为例，2007 年位于东莞的快联达包装员工达到 7000 人，2013 年 9 月突然倒闭时仅余 1700 名员工。截至 2015 年，这个厂子是否还存在还不知道。皖北最大的包装企业亨浩彩印倒闭，导致 500 多人失业，福建千帆纸业倒闭造成 1000 多人失业，上海力天 400 人失业……

我们已经看到了多米诺骨牌般的工厂倒闭事件，而这只不过是供应链公司倒闭大潮中的冰山一角，有一供应商称，在他们行业里几乎两三天就有一家公司倒闭，而 2016 年这种情况尤为严重。

是什么打败了这些原本立在经济发展大潮中的"巨人"，又是什么让这些一度给 GDP 做出杰出贡献的企业纷纷厂倒人散呢？

其一，在于决策层盲目自信，负债追求规模扩张。

在经济高速发展的今天，许多企业不再单纯依靠自有资金发展，而是依靠企业负债来扩大企业规模，在短时间内将企业发展壮大。由于企业负债经营拥有以下优势：弥补企业经营和长期发展资金不足、不影响企业所有者对企业的控制权、避免部分税费，许多大型企业便负债经营，力求企业有更大的发展。但是一些企业决策层却没有预估到负债经营的风险。例如，上海航空公司由于负债过多导致了巨大的财务风险，降低了自由资金的实际收益、盲目扩大机队规模、航线网络，占有了市场却丢失了利润。由于大规模扩张，更是导致运行成本过高，最终摘牌退市。上海航空公司的案例说明，负债经营是一把"双刃剑"，决策者只有谨慎分析和规划，才能合理利用负债经营的优势。

其二，企业创新能力差，最终被市场淘汰。

企业要想在当今激烈竞争的市场中存活，就必须有创新和研发的能力。有了创新和研发，才能更好地树立品牌形象，抢占市场份额，才能让企业不断扩大。创新能力决定了一个企业的生死存亡。例如，手机行业巨头苹果公司和曾经的"大户"诺基亚公司。苹果公司不仅抢占了智能手机的先机，而且还在此基础上研发出更加强大的功能，不断推出新品。苹果手机现在不仅是高科技的代名词，更是时尚便利的代名词。而诺基亚公司的产品曾经以风靡之势席卷全球，而如今却因为更新换代慢、手机样式旧等而无人问津。尽管诺基亚公司意识到了创新的重要性，推出 EOS 等智能手机，但也改变不了诺基亚辉煌不再的惨象。

其三，员工权益得不到保障，罢工导致企业破产。

由于管理层的失策，导致企业经营失败而大范围亏损，员工的权益得不到保障，最终形成了罢工现象。企业人才流失，不能正常运行，最终破产。

大量私企倒闭后，企业用车和不少私家车也会闲置，纷纷折价卖车，又引发汽车销量下降，汽车关联行业也跟着衰退，进而导致新一轮私企跟着倒闭，形成"倒闭—失业—消费萎缩—更多倒闭"的恶性循环。按照 2015 年的倒闭速度，到 2016 年底，中国能存活的私企将所剩无几。对私企而言，要是资金链还没断，能丢掉经验主义，早日觉醒，认清时势和市场，下壮士断腕的决心，以归零的心态再次踏上征程，那么，就能平稳度过经济寒冬，否则越是按老套路拼命挣扎，结果就会越惨——未来的市场容不下老旧传统企业，活不好、活不长会成为悬在每一个企业头上的利剑。怎么才能找到活路？这是笔者的企业和客户共同的困惑或问题，带着问题寻找帮助才是一个成长型企业该做的事，才是决定变革自身的心态，这也是一个企业想要重生需要思考的方向和重点，自身有局限，拓展思维、寻找帮助才是重中之重。

图1-1 企业的出路在哪里？

资金链和担保链风险

之所以出现大范围的倒闭潮，跟企业缺粮少弹有关，即企业的资金链和担保链出现了问题。资金链通常指企业用现金购买资产、资产通过加工再变为现金的一个资金流动循环。一个企业要维持良好的运转，就必须保证这个循环能持续不断地良性运作。资金链不是独立于企业内部的，而是连接着这个社会的经济关系。这个链条是错综复杂的，其中一个小环节断裂，就可能牵一发而动全身。保证资金链的可持续发展，是企业经营的根本。随着企业的发展，经营者容易陷入盲目扩张、乱投资等泥潭，于是企业的危机也随之增大，特别是以资金链风险为主的财务风险也相应增大。

在目前我国的信贷制度设计上，担保抵押是关键点，放贷与否及放贷额度均与抵押有关。在用有限的自有资产作担保获取的资金不能满足需求的情况下，企业为了获得更多的银行融资，与不同行业、不同区域的企业互相担保，形成了盘根错节的各种形式的担保链。担保链的特点便是一荣俱荣，一损俱损。另外，商业银行从风险控制的角度出发，要求企业提供抵质押物的担保，在一些企业不能提供抵质押物担保的情况下，也认为有担保的贷款总比没有担保的贷款好。这些原因客观上也导致担保圈的形成。

担保圈中涉及的企业户数多、企业信息透明度较低、担保关系错综复杂、担保形式多样化等，增加了银行风险识别与监测的难度。

其担保链条可能涉及多家商业银行，债权债务关系变得十分复杂和隐蔽，在担保链中一些企业可以通过相互调剂资金而暂时掩盖风险，从而使风险在担保链内企业累积并且不容易被商业银行发现。当担保圈内大部分企业甚至核心企业资金链断裂，资金圈内循环难以为继，担保圈累积的贷款风险才会完全暴露，并迅速扩散至整个担保圈，影响范围广、金额大，严重打击区域经济的发展。

银行从风险控制的角度出发，要求企业提供担保抵押，而不愿发放信用贷款。

一方面，银行通过担保信用等级而不是企业自身的现金流来作为分析还款能力的依据，造成银行业自身风险定价能力缺失；另一方面，银行从单独的一笔贷款来看，似乎是通过担保分散了风险，但是从整个担保链来看，风险在担保企业中传递，整体风险没有减小，反而是增加了贷款风险。如果担保圈内有企业出现资金断裂，会通过"多米诺骨牌效应"传染圈内其他企业。贷款风险会通过担保链条在担保圈内循环、传递、放大，影响范围更广、更大。互保、连环担保、交叉担保往往使担保关系虚化，担保贷款实际上比信用贷款具有更大的风险，从而给银行带来较大的风险。

随着资金链断裂，上下游企业之间的信用也发生恶变。很多企业在支撑不住的时候，就加大赊货采购的力度，也就是借入更多的钱，等到借不到钱的时候，这些企业直接关门跑路，将损失留给上游的关联企业，形成"多米诺骨牌效应"。

很多企业因为上下游企业的跑路，导致自身也陷入绝境。而实在撑不下去的企业，在衰退潮中不可能找到下家来接手，只能将自己的机器设备、办公家具等贱卖，甚至贱卖都没人买。紧随倒闭潮的就是跑路潮、蒸发潮，失业工人找不到老板要工资的闹事潮。

面对资金链和担保链的双重潜在风险，银行要做的就是加大对企业融资贷款的抵押要求，降低或者干脆不发放贷款给企业。

在资金市场上，银行基本停止对私营企业的贷款，而主要贷给中央和地方体制单位。另外，很多银行要求私企先归还以前的贷款，然后承诺再出贷。但是，当私企借了私人高利贷归还银行后，银行立即翻脸，说没有额度，不再贷给私企。

企业融资难是常态，中国的中小企业为中国的 GDP 做了很大的贡献，但是在中小企业发展的过程中其融资渠道却非常有限，从某方面可以说中小企业对社会经济所做的贡献和其该得到的回报是不相符的。虽然国家的政策、银行等都在加大对中小企业融资的扶持，但是效果十分有限。

中小企业资金、技术实力相对薄弱，经营效益不够稳定，融资和贷款遭到双重考验，主要表现为难以满足抵押、质押条件，难以落实担保，难以获得中长期贷款等。现在银行授信评级看重企业的规模、利润增长率和优质的不动产资源，而非技术等无形资产和企业成长性。因此，轻资产类的企业难以从传统银行授信体制中获益。

企业融资困难可大致分为三种情况：一是银行与具备信贷条件的中小企业之间沟通不够，无法获得贷款；二是不具备信贷条件的中小企业，向非正规金融机构融资；三是需要政策支持的弱势企业由于无政策支持机制，而无法获得贷款。

缺乏有效的担保机制和融资机制的平台，使得中小企业的融资通道过于狭窄。由于证券市场门槛高、创业投资体制不健全、公司债券发行的准入障碍，中小企业难以通过资本市场公开筹集资金，因而中小企业初期发展融资渠道狭窄。企业自筹资金和互助金融的兴起将成为解决融资难的一个契机。

图 1-2　资金链断裂风险

互助金融是一种让投资人没有风险，让融资人没有还款压力的生态金融。

只要企业是真正做实业，加入互助金融平台，从此不再为资金发愁，让资本不成问题。这也是笔者一直研究的方向和拓展目标，为众多中小企业解决资金问题，成立一个互助金融，缓解企业融资难的问题。

金融健康发展的核心在于模式创新和风险控制，而互助金融是实现普惠金融的重要组成部分，我们的战略思维在互联网金融创新方面确实走在前面，互助金融未来的发展大有希望，笔者对此充满信心，也将给笔者的客户和兄弟企业带去生机。

被互联网抄了后路

除了资金上的逼迫，还有互联网的摧枯拉朽。互联网发展到今天，很多中小企业悄然无息地就逆袭了，而传统企业面对互联网的挑战心情格外复杂，对"互联网思维"尚未彻底弄懂，又冒出了"互联网＋"，转型心切却又难免焦虑和困惑。"做电子商务找死，不做电子商务等死"的说法，形象地道出了传统企业面对互联网的尴尬。

在互联网化的经营逻辑里，企业先成为了一个开放的平台，基于开放、协作、共享的互联网精神构建了一个生生不息的生态圈，企业可以根据用户需求倒逼需要的一切资源，产品和服务不断推陈出新。在互联网时代，对企业来讲，掉队意味着出局，即使规模再大也可能成为别人运营的资产。

传统企业近年来纷纷转型做互联网，已经是大势所趋。未来，单一的传统企业已经没了退路，只能硬着头皮不同程度地卷入互联网。以避免被互联网"革命"的悲惨结局，如国美、苏宁、长虹等都遇到了来自互联网的强大对手，被互联网逼到进退两难的尴尬境地。

苏宁想把线下的辉煌平移到线上，为此不惜血本。虽然苏宁是电器界的龙头老大，具有发展O2O的明显优势，例如，拥有上亿的用户资源、多年实体店运营的平台经验以及供货和渠道资源，但是 2014 年苏宁交出了净亏损 10 亿多元的惨淡业绩，并且预计第四季度再亏 1.5 亿元。O2O 并没有成为苏宁转型的救命稻草，其主要原因在于苏宁的 O2O 模式中线上部分并没有对线下产生明显的互补效应，而仅是整个苏宁客户群的线上、线下重新划分，苏宁 O2O 模式的整体定位和核心价值并没有得到明确体现。

笔者接触的客户中有一个传统企业转型的真实案例，为建互联网平台已经烧了 2 亿多元，都是从牙缝里省下的血汗钱，几年过去仍不见起色。员工工资下滑，士气滑落，节约成本到抠门的程度，老总自己开辆普通车接送客户……

其实，这样的中国传统企业转型而跳进火坑的现实每天都有发生。说明了什么？说明传统企业在互联网包抄之下，出现了真正的痛点：

（1）传统产业价值链盈利危机。线下实体店一直是传统企业的盈利来源，但除了受到电商的冲击外，多年来粗放发展模式与现代信息化商业全流程、精细化管理之间的鸿沟，使传统企业陷入危机。

（2）消费者来无影去无踪。O2O 平台和移动 APP 如雨后春笋般出现在消费者身边，消费者又率先从线上走到了场景化，很多传统企业既不了解消费者行为，也不了解行业发展趋势，更不可能抓住随时变动的消费者。

（3）渠道、资源、客户、经销商等传统资源的价值弱化。线下积累的一些传统资源的价值开始弱化，增长乏力，线下门店基于位置的营销方式，与线上海量商品竞争，高下立见。企业亟须寻找营销新渠道。

（4）希望通过互联网转型，但力不从心。没有技术和人才，传统企业做了网站也没效果，同时高成本让传统企业不堪重负。据了解，传统企业真正能够转型成功的只有 3%~5%。起步难、执行差、后继无力等问题在转型落地中层出不穷，这是对决策者战略眼光和执行力的艰难考验。

（5）对互联网思维的认识严重错误。传统企业盲目参考案例和模式，用简单的产业思维和原有的商业思维去管理互联网的商业模式，或者盲目迷信互联网思维，使互联网构建失败。不了解自身资源优势和整合方向，也不了解互联网方法和手段，盲目试错，浪费时间和资源，结果是负累而死。

在技术飞速进步、商业观念频繁更新的今天，所谓"基业常青"基本上就是神话，柯达倒了，诺基亚倒了，IBM 式微了，戴尔、微软也风头不再。前进的路上阻碍重重，又没有退路，这就是宿命。作为传统产业的代表，富士康也许早就不甘于为他人做嫁衣了，在互联网商业蓬勃发展的今天，它终于挽起袖子，准备大干一场。但事实证明，并不是所有人都能在这一场看似狂欢的盛宴中分到一杯羹，不管是富士康还是什么，在机关枪面前，找不到合适的御敌措施，最终的结果就是被歼灭于无形。

2010 年，富士康经过多年的酝酿，推出"四路门店 + 一个网站"全消费渠道体系的宏伟构想。在这个体系中，包括富士康与麦德龙合作、意在线下与国美苏宁对抗的"万得城"、以"赛博数码"广场为主体的 IT 卖场、以超市为载体的"敢闯数码"以及覆盖三线以下城市的"万马奔腾"门店。而线上电子商务渠道则是"飞虎乐购"。

这个计划看起来很美，但最终发展却令人失望。2013 年 3 月万得城电器关闭其在上海的全部门店，折戟沉沙。雄心勃勃的"飞虎乐购"因为空降兵与老员工的内讧、投入过低等而受阻，重新回到内部网购的定位。而"万马奔腾"因为货源、运营等问题成了"万马齐喑"，多地传出关闭的消息。2014 年 6 月又传出其已经卖出持有"赛博数码"48% 的全部股份，相对而言较为顺利的"敢闯数码"发展非常有限，难当大任。

当年的宏伟蓝图，如今已成了一张废纸，彻底沦为电商同行的笑柄。

传统企业正被互联网化的商业模式抄了后路，包括音像企业、旅游服务企业、手机企业等传统企业。

例如，东方航空董事长刘绍勇说，信息化才是航空公司运行的最高形态，"如果航空公司的信息化上不去，永远是被动挨打的打工者，现在航空公司就是在为携程、艺龙打工"。携程、艺龙都是互联网企业，刘绍勇说的信息化其实就是互联网化。

很多传统企业独善其身，自得其乐，沉浸在一家企业的生态之中，不进行上下游联盟、异业联盟、协会联盟乃至政府联盟，企业变成了一个地地道道的孤岛。

孤岛如何求生？笔者和其团队一直努力寻找突破口，传统企业如何才能走出孤岛，如何才能不被包抄，断了后路？这是笔者一直思考的问题。在成功对接一些企业后，真正实现了线上线下的双赢模式。断了后路才能逼自己找到出路。

图1-3 企业的十字路口

二、企业挥之不去的内患

眼睁睁地走进死胡同

传统企业为什么会如此被动，遭遇双面夹击的尴尬？笔者认为没有传统老板，只有传统思维的老板！技术层面的东西，花钱可以搞定，但思想的东西，如果不改变，还是没有出路。

笔者所有的课程和报告，开篇基本上都是讲这个，为什么？因为笔者觉得对于一个企业来讲，中层管理人员是能否利用好互联网的关键。只有他们下定决心说我要做这个事，并且愿意为这个事牺牲短期利益，才有可能把这个事情做好。笔者的很多客户觉得互联网很好，企业也有做电子商务的意向，但总是思维跟不上节奏，或者干脆就不转变原本的思想。面对一个好的创意和点子，甚至有人对创富的理论知识都不乐意接受和改变。

传统企业老板和大部分高管，普遍年龄在35～45岁，他们的思维模式大多数还停留在以前，在互联网思维转型上，也没有经验，毫无头绪，或跟不上思路。大多传统企业老板，只把网络当成一个销售渠道，这种思路是错误的，互联网不只是一个销售渠道，更多的是一种全新的商业模式，完全颠覆传统的营销模式。如果让他们主导传统企业转型互联网，他们没有信心，因为在这件事上，他们没有任何经验或套路可循，有一部分企业家甚至还没学会使用微信。

除此之外，由于对外来事物的接受能力不强，思维僵硬，导致他们对网络营销心里没底。其实，这是常见问题，投资不了解的事物，这对传统企业家是不可能的事，虽然有些企业家有冒险精神，但在不会利用互联网的情况下，多半会被互联网玩。烧钱一说，就是专为这些老板准备的。

中国的私企老板，大多是 60 后和 70 后，他们往往通过"低买高卖"、"信息不对称"、"模仿、山寨、低价"来抢占市场。甚至习惯于贿赂权力、钻制度和政策的空子等手段来积累财富。他们不懂理论，更不想学习，他们只想着赚钱、赚更多的钱。而如今，面对越来越微薄的利润、越来越激烈的竞争和越来越狭窄的市场空间，私企并不是选择创业或者模式更新，而是试图在越来越差的环境中挣扎，也就是"一条路走到黑"。这是他们与生俱来的原罪，如今，他们正在被清算。

传统的私营企业大多依附于时代大势生存，它们往往粗糙、善变、不讲原则。一旦经济大势散去，这种传统落后的私营企业就失去了生存空间。

企业倒闭已经不仅是赚钱或者亏钱的问题，而是意味着自己失去了存在的价值，很多私企老板则连原始积累都要搭进去，怎么吃下去的就会怎么吐出来。眼睁睁走进了死胡同却没有自救的能力。

现在很多企业主抱怨环境不景气，生意不好做。笔者认为环境等外在因素固然有，但更多的是内在因素，通俗地说，现在的企业生病了，而这个病的根本是在思想上。所以转型出路在哪里？

要向互联网转型先要转思想，思想不变，早晚病死。送给大家一句话："老思想加新模式解决不了新问题！"

总的来说，私企的出路在于：抱着壮士断臂的决心，认清时代赋予的新的历史使命，今后企业的发展逻辑只有一条：你可以创造多大价值，你就可以获取多少财富。私企必须要以归零的心态再次踏上征途，早日觉醒。越拼命挣扎、坚持越久的企业，结果也会越惨。到了死胡同就要掉头，撞了南墙

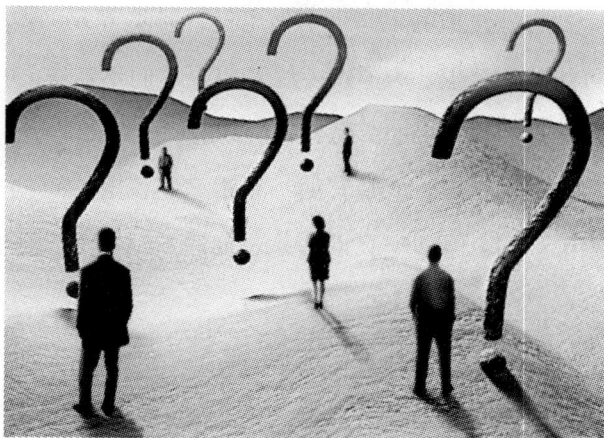

图1-4 出路在哪里？

回头才是最明智的选择。

转型还是强挺？

中国人有一种习惯，喜欢喊口号，至于是否能做到却往往是两码事。例如"转型"这两个字喊了N多年，现在还在刻不容缓地喊着。殊不知，许多民营企业家就以此为时髦，只求"转型"，至于是否转得成功却不考虑，结果遭遇惨败。这是深刻的教训。

现在所有传统企业都有非常严重的危机感，就是大家突然都找不到路标了！都不知道在互联网时代如何转型？未来的路如何走？利润好的企业发愁，利润不好的企业更发愁。企业最大的危机不是当下的利润多寡，而是能否清晰把握未来。

阿里在转型，京东也在金融、O2O到家和海外找突破口，聚美和当当网也在转型，社交和内容社区在转型电商。为增长转型，为盈利转型，如果你深入行业，就会发现没有哪家是可以安坐江山不思进取的。

但更多人尝到的是转型的艰辛。不做电商，必然等死，做了电商，可能作死，但也有可能破茧重生。为了这一线希望，它们不断在"电伤"的路上寻求电商的正解，它们要面对的，是各种尝新所引发的矛盾。

毫无疑问，踏上电商路，就是开始一场艰辛又没有终点的马拉松，受伤了，治好它，继续上路，希望还在前面；若彻底倒地不起，那就意味着一切的终结。

转型，关乎企业生死。尤其是大企业，年销售额过 10 亿元的企业，靠的就是传统的渠道和团队，转型谈何容易。转得动吗？很难。诺基亚的企业文化、管理规范、专利创新都是全球顶尖的，但为什么消失了？答案很简单，诺基亚和成就它的时代一起消失了。但让诺基亚消失的不完全是互联网，更多的是技术不行才被苹果后来居上。

图 1-5 小企业要"三转"

企业转型有两种：第一种，被迫转型，当问题集中到不能解决的时候，倒逼企业转型，这种转型的成本很大，也是很痛苦的，但不手术必然死亡。第二种，预见式转型，是企业领导人的战略洞察能力超强，这种企业家是稀缺的，例如 IBM 当年把 PC 业务卖给联想，就是在 PC 机快不值钱的时候提前卖了个高价，IBM 提前完成转型，非常成功。

转还是不转成了大部分企业进退两难的选择。笔者认为，转与不转不看时代，也别跟风。正确的做法是既不忽略经济大势，又不盲目跟进，办企业要踏准自己的节奏，既不等死也不作死。

捧着金饭碗的乞丐

许多企业只会跟在别人后面跑，而没有学会创新，甚至根本就不懂什么是创新。没有创新的企业多半是短命的，根本就不会有强大的生命力。创新是决定企业成败的一个关键因素。大部分站在互联网风口的企业，不是没有资金，反而有的是钱，如苏宁那么大的企业能没有钱？但有钱不一定就好使。

几年前，诺基亚一直保持 40% 以上的全球手机市场份额，而且在功能手机领域的份额更高，这让诺基亚沉醉在过往的辉煌里，失去了创新的动力。我们看到多年来诺基亚 Symbian V3 系统一直是"换汤不换药"，没有多大的改变，也未针对移动互联网、触摸屏做出快速适时的反应，甚至还嘲笑苹果公司"过于花哨"。今天的诺基亚，在外观设计上远不如苹果、三星，在软件上不及苹果、华为，留给人们的仅是"抗摔"两个字。

诺基亚有没有钱？有。为什么有钱也难逃厄运？就是没有创新。很多转型迫在眉睫的企业也发出感叹，穷得只有钱也不是好事。技术、管理、思维不创新、不变革，无疑是捧着金饭碗在讨饭。

无创意，不创新，毋宁死。这是曾经成功拯救克莱斯勒汽车公司而名噪一时的著名企业家亚柯卡的格言。创新对于企业而言，是关乎企业生死存亡的生命线。不创新，不紧握时代脉搏，再高大的巨人，也会迅速倒下。

摩托罗拉、柯达、索爱等多家大鳄的售卖命运，以及惠普、诺基亚、索尼、松下等巨无霸史无前例的大裁员，印证了这样一个残酷事实：在竞争激烈的市场，在变化飞速的信息产业，光有防守远远不够，有了金饭碗还不够，必须始终保持危机和创新意识，来不得半点傲慢和懈怠，只有不懈持续创新，执创新之牛耳，才能保证基业常青，否则只有"OUT"。

逆水行舟，不进则退。令人遗憾的是，如今仍有很多企业在创新方面采用保守的战略，例如实行严格的创新预算控制。对于这些企业来说，维持可持续的竞争优势与创新力成为巨大的困难与挑战，基业常青也便成为一个巨大的问号了。

易趣堪称中国最早的 C2C 电子商务网站，当初在中国那叫一个风光。2002 年甚至拉来了美国的 eBay，一起合办了 eBay 易趣。强强联合啊，谁能匹敌！那时候淘宝还没出生呢。可就是这样一个全国老大，一个找不着竞争对手、不缺大量用户、盈利模式挑不出毛病的网站，硬是自毁了前程。

当时在 eBay 易趣上，消费者购物那叫一个惨。商家可以随意高价出卖地摊货，你要敢差评或退货，那可捅了马蜂窝，商家一定会在易趣上大骂你三代，而且是连篇累牍，一直骂到消费者成为缩头乌龟。想在易趣上投诉，门儿都没有，没有电话，没有客服，没有 IM，只有一个永不回复的邮箱。后来淘宝来了，一夜间 eBay 易趣滚出了中国。eBay 易趣虽然还在喘气，但 2013 年国内 C2C 市场中，易趣仅占 0.2%，份额几乎可以忽略不计。易趣能怨谁呢？就是这个挑不出毛病的盈利模式，让后来者淘宝赚大发了。而 eBay 易趣自打被淘宝控股后，基本上等于被自宫了。所以，在这样的盈利模式下，就算你来得最早，发财的也不一定就是你。

　　传统的内部创新已经无法使企业保持竞争活力，企业在把握客户的核心需求之后，应将内外部进行系统开放，将各个环节向更多的合作伙伴开放，建立开放式思维，形成开放式创新平台。

　　加里·哈梅尔是 Strategos 公司的董事长，也是伦敦商学院战略及国际管理教授。他是战略研究最前沿的大师，被誉为"世界一流的战略大师"。他在《竞争大未来》一书中指出，企业必须打破旧有的思想框架，以积极开放的胸怀去思考、接受新的经营架构，把握未来趋势、建立战略架构、组织核心能力，从而在创新中掌握竞争优势。

图1-6　一不小心被淘汰出局

　　笔者认为，在信息时代，企业仅依靠内部资源进行高成本的创新活动，已经难以适应快速发展的市场需求以及日益激烈的企业竞争。开放式创新正在逐渐成为企业创新的主导模式。开放式创新不仅要面向企业外部，更要实现网络化、平台化。让各种创新要素互动、整合、协同，这要求企业与所有利益相关者之间建立紧密联系，以实现创新要素在不同企业、个体之间的共享。

商道纵横智慧：企业如何绝处逢生？

企业要突围，找到出口是关键，而新的商业模式就是出口。再不能用固化的思维和模式来对抗新型的发展战略。我们要问三个问题。

> 品牌和产品怎么了？
>
> 现在的用户怎么了？
>
> 商业模式怎么了？

产品是入口，用户是资产，社群是商业模式。

如果你的产品是某种物品，用户可以直接持有和使用这个物品，也就是通常意义上的商品或货物，那么你的商业模式就很简单，基本上就是四个套路：

第一，自己生产、自己销售：自己直接生产、直接销售给用户。

第二，外包生产、自己销售：把生产环节外包出去，自己负责直接销售给用户。

第三，只生产、不销售：自己负责生产，交给分销商销售。

第四，只销售、不生产：自己作为分销商，或者提供销售商品的交易市场。

目前京东、亚马逊、天猫淘宝等电子商务网站就是前面的四种商业模式。如果你的产品不是某种物品，用户不能直接持有和使用，那么你怎么赚钱呢？第一种赚钱模式是以互联网为平台，做的还是传统生意。第二种模式是广告，就是当你的服务不能赚钱的时候，如果你有足够多的用户，能吸引足够多的眼球，你可以向他们推荐一些其他产品和服务，实际上这就是广告。就跟电视免费看，但电视里有广告一样。

所以，产品已经不是曾经的传统产品，既可以是有形的实物，也可以是无形的资源。在今天这个时代，产品本身难以赚钱，这样产品不是不重要了，而是更重要了，为什么？顾客要的是满意度，粉丝尖叫度，你超过了期望，这些人使用产品后，对产品产生情感的同时也会产生依赖和黏性，从而形成了良性的可持续。

为什么说用户是资产呢？有了互联网之后，游戏规则变了，用户的体验变得越来越重要。只有把一个东西做到极致，超出预期才叫体验。消费者越来越有主动权，越来越有话语权。俗话说"买的没有卖的精"，现在，信息不对称的现象会越来越少，用户的体验会变得越来越重要。以前你拿到了用户的钱，你把东西卖给他了，就希望这个用户最好不要再来找你。以后游戏规则会变成什么样呢？你把东西卖给或者送给用户了，你的体验之旅才刚刚开始，用户才刚刚开始跟你打交道。好的用户体验会带来后续一系列的价值，所以，用户才是真正的资产。

那新的商业模式呢？就是社群。社群的传统理解，就是以血缘与地理位置划分的一种传统人际关系结构。而互联网带来了超越地域的联系与连接，社群成为一种由拥有强关系、相同兴趣、爱好或者价值认同感的人共同组成的群体。

罗振宇的自媒体社群、小米手机的产品社群以及女性社群等，都是近期以及将来的商业模式发展态度。万科、龙湖、远洋等地产商和物业管理公司，都在利用互联网的玩法改造传统物业，建立以住宅区居民为核心的商业生态，从而颠覆传统的物业管理商业模式，其本质，也是一种社群商业模式。

有了对产品、用户以及新商业模式的认知，我们还要能审时度势。

第二章　知大势方能趋避自如，
不知势则进退失据

面对经济寒冬、无边界竞争的局面，不先搞明白时代发展大趋势，又凭什么崛起？

中国互联网打开"无界时代"的大门。无论是故步自封的传统行业，还是正在经历转型之困的传统企业都有着更强烈的危机感。无论你是否在乎，互联网给传统企业的冲击已经存在，传统行业正面临着重新解构。

一、零售业不再是 LDF，而是 SSS

大趋势方面，先从零售业谈起。传统零售业一直是 LDF 模式，也就是 Location（位置）、Detail（细节）、Franchise（连锁化）。LDF 模式代表了传统零售业的基本商业模式和关键成功因素。在新的商业形态里，零售业的关键成功因素不再是 LDF，而是三个 S：Social（社群化），企业与顾客不能只是交易关系，必须是社群化的生活伙伴关系，才能生存；Service（服务化），传统零售的服务仅限于卖场内的便利，未来零售的服务必须提供直达家庭的服务；Supply - chain（供应链），在渠道决定购买的阶段，供应链体现为采购的强权与压价，未来供应链则体现为对优质供应资源的争夺与供应链关系维护。

零售业以前的情况是：零售商和品牌产品居于中心地位，商品分销渠道有限，因此消费者必须寻求商品。当时，是将所有商品与服务集中在一个固定的销售场所，最大限度地为消费者提供丰富的商品，是一种高效的一对一销售模式。由于零售商店是消费者的唯一选择，而且零售商比批发商更了解消费者的需求，因此，零售商能够更为高效地为消费者设计、采购及提供批发商的产品。

但这种模式已经不复存在。首先，销售模式改变了，卖场不再是唯一，竞争对手也不再直观，各种途径、各个领域均可能成为零售业商品的竞争者。就像马云说的，这个时代不是对手比你强，而是你根本连对手是谁都不知道。

近几年，各大商场倒闭，一向如火如荼的北京王府井百货销售缩水、百盛购物也在强撑，连文化产业中的大型图书大厦也被电商冲击得找不到方向。服装领域更为糟糕，成了电商购物平台的免费试衣间。

随着国内经济下行与零售电商崛起，中国线下零售市场萎靡，而人力成本与租金却不断上升，这使得许多大型商场与超市盈利困难，不得不关门歇业。

2015年对于中国零售业来说，无疑是持续萧条、艰难转型的一年。零售企业的生存环境日益严峻，一方面是电商冲击和同业日趋激烈的竞争，另一方面是受整体经济下滑趋势影响，毛利普遍下滑。中国连锁协会会长郭戈平曾这样总结：2002年的连锁百强中，今天还在百强之列的已不及半数，这其中有兼并重组的，有破产倒闭的，当然也有被其他企业赶超的。

基于此趋势，大型连锁超市沃尔玛已经意识到危机，直接跨过 PC 端，对接移动客户端在深圳推出的大卖场 O2O 服务平台"速购"引起业界广泛关注。该 O2O 平台允许消费者在线上购买沃尔玛的商品，并且自由选择由沃尔玛送货上门或自行去沃尔玛门店速购服务中心提货。除此之外，该平台还包含沃尔玛手机 APP 以及线上线下多种移动支付手段。

在互联网的冲击下，沃尔玛速购平台是实体店零售业务的有效补充与延伸，同时满足了当前环境下消费者的多重购物需求。深圳是中国沃尔玛门店最多的城市，共有 23 家。选择在深圳推广 O2O 服务平台，可见沃尔玛拥抱互联网的决心。

图 2 –1　商业 O2O 的应用

沃尔玛的改变也折射出当前中国零售市场的发展瓶颈。今天，消费者有更高的期待，他们想要星星和月亮，因为他们有权提出这样的要求，那么，零售商必须超出消费者的预期。零售商必须和消费者共同创造一种持久的消费体验，这种体验必须是独有的、完整的，包括购物前的期待、购物时的快乐和便捷以及消费后的满意。

其次，要进行价值链控制，失去对价值链的完全控制（从价值创造到价值消费），任何与消费者有关的企业都无法实现高层次的神经连接和先占式分销。控制价值链上与消费者直接接触的环节至关重要，这些环节包括市场调研（即对消费者愿望的把握和了解）、生产和营销（即营造消费者所期待的购物体验）、销售环节（即必须有能力让消费者感受到所营造的体验）。这就是一个垂直整合并能予以掌控的商业模式。

苏宁、银泰、大悦城，象征着传统零售业的三个突围方向，分别是线上线下同价以抵御线上渠道冲击；提升购物体验，以闭环形式完善服务平台以适应新的供需关系；依靠自身大数据处理能力来适应技术趋势。三者的共同之处在于，电商或信息技术变成了一种基础能力，成为降低成本和提升购物体验的核心。电商的模式很多，但是只有三种主流模式可以存活，即阿里巴巴的开放平台＋生态系统模式、京东商城的独立运营＋开放平台模式以及苏宁的O2O模式。

新的商业模式中传统意义上的零售和批发已不复存在，只有按照社群化、服务化以及供应链三原则去发展，才是方向。

二、跨界，对手不是友商而是时代

网上流传着一句话：这是一个跨界打劫的时代，你不跨界，别人就会跨过界来打你。卖手机的做汽车、开发聊天工具的开银行、玩游戏的卖脑白金，如果有一天你输了，连对手是谁都不知道。

跨界的从来不是专业的，全部来自另一个领域！神出鬼没，你都不知道是从哪里窜出来的。创新者以前所未有的迅猛，从一个领域进入另一个领域。有一个书商是笔者的客户，他说，以前他靠印中国地图就能赚得盆盈钵满，现在，忽然来一个手机 APP，直接把他的业务断了。竞争者不是友商，甚至连是谁都不知道，而真正的颠覆是这个时代。

竞争没有边界，传统的广告业、运输业、零售业、酒店业、服务业、医疗卫生等，都可能被颠覆，也可能彼此之间实现跨界融合。机场，除了坐飞机，也能成为一个娱乐场所或社交中心。未来，酒吧不仅能喝酒，还可以成为一个有相同爱好的聚会社群。咖啡厅既可以喝咖啡，也可以举办读书沙龙。银行也可以成为新华书店，飞机机舱也能变成国际化的社交平台，这样的跨界融合会越来越多。

过去品牌还是有界限的，现在这个界限越来越模糊。例如乐视，互联网公司不认为它是互联网公司，IT 公司也不认为它是 IT 公司，电视台也不认为它是电视台，但它又什么都是，现在不仅做电视，还做体育，连汽车也做，小米连公寓业务也有涉及。

随着市场竞争的日益加剧，行业与行业的相互渗透、相互融合，已经很难清楚地界定一个企业或者一个品牌的"属性"。跨界现在已经成为国际最潮流的字眼，从传统到现在，从东方到西方，跨界的风潮愈演愈烈，已代表一种新锐的生活态度和审美方式的融合。

跨界代表一种新锐的生活态度与审美方式的融合。跨界合作对于品牌的最大益处，是让原本毫不相干的元素相互渗透、相互融合，从而给品牌一种立体感和纵深感。可以建立跨界关系的不同品牌，一定是互补性而非竞争性品牌。这里所说的互补，并非功能上的互补，而是用户体验上的互补。

跨界是根据不同行业、不同产品、不同偏好的消费者之间的共性和联系，把一些原本毫不相干的元素进行融合、渗透，进而彰显出一种新锐的生活态度与审美方式，并赢得目标消费者的好感，使得跨界合作的品牌都能够得到最大化的营销。

例如，可口可乐公司与希捷航空公司的跨界营销就是一个很成功的案例。该跨界推出定制可口可乐即可以拿可乐当登机牌使用。他们先在机场内设置售卖机，让乘客向好友分享定制的可乐瓶罐。同时，乘客自己也会收到一份可乐瓶罐，神奇的是，这款可乐竟然可以用来当登机牌使用。希捷航空公司也会在座位上为用户送上一份定制可乐。

可口可乐与航空公司两种看似风马牛不相及的事物，却上演了一场完美的营销合作，实现了两种品牌间元素的交叉融合。跨界营销需要我们突破传统的思维方式与营销模式，找到两个品牌中的某个契合点。

"喝蒙牛，赢取滴滴打车红包"的广告似乎一瞬间就在微信朋友圈刷屏了。蒙牛与滴滴打车，一个是极具市场号召力的乳业品牌，一个是用户数超过 1 亿、日订单量超过 500 万的移动出行信息平台，两者强强联手形成了"1 + 1 > 2"的跨界整合效应，不得不说掀起了跨界合作的热潮。

百度与航空公司的合作也属国内首创，着实让百度钱包这个含着金钥匙出生的品牌宝宝在空中"飞"了好一会。双方联合推出国内首架"孝心"专机，飞机首航搭载的每一位乘客都是"孝心"人士的父母，不仅享受上门接送、全程贴心定制服务，还可把照片直接喷绘在飞机上。值得一提的是，百度钱包刷飞机的动作瞬间招来一堆互联网大咖的模仿，一时间飞机很忙！

笔者有个学生在长沙，他本来是做印刷的，但印刷已经不行了，他怎么做呢？他用印刷的底子做老鼠夹子，因为现在都不让用老鼠药。他把两块板子做成夹子，两边分别抹上胶水，往中间一夹就像书一样，一分开就变成了

图2-2　真正的跨界就是各行各业相互融合

一个张开的老鼠夹子。老鼠有个特点，就是沿着墙角，从哪走从哪回，所以在墙角放夹子很容易夹住老鼠。另外，老鼠比较有团队精神，只要把一只粘住，它一叫，其他的都会跟着来，所以一粘就是一窝，而且只要粘上，它就跑不掉，所以这个老鼠夹子放到墙角，一会儿就粘一群。这个夹子对老鼠来说是灭绝性的。一般印刷厂的利润不会超过10%，可能5%都不到，他的净利润不低于20%，他现在一年能赚将近1亿元。其实一开始他也没想到，印刷行业和老鼠夹结合起来能这么赚钱。因为这看起来完全就是不相干的两个东西。这就叫商业模式。这个时代要做多面手，多功能化也很吃香，或者叫功能组合。因为它已经打破了原有的行业特征，以前是专业化的纸板行业、印刷行业、灭鼠行业，这个老鼠夹是把几个行业整合在了一起，来了一个混搭。今后的商业模式都是混搭，你混搭得好，代表你身份的多元化，经营思路的多样化，千万别在一棵树上吊死。

市场的变化，永远都不等人，如果你今天还活在昨天的框架里，那你快遇到麻烦了。你过去在你的区域很牛，不代表未来一直很牛，如果你不及时变化，很快会被人取代；你过去很弱小，不代表未来一直弱小，只要灵活多变，善于学习，一样可以抓住强者薄弱的时空角取而代之！事实证明：打败你的不是同行，颠覆你的不是行业，甩掉你的不是时代，而是你没有前瞻的眼光和思维。未来，跨界融合是趋势。

三、产品好，没有创意也白搭

发展不是问题，问题是能不能发展。电商不是问题，资源不是问题，想法才是问题。品牌不是问题，思路不是问题，没有创意才是问题。互联网的便捷使得用户在搜索同类产品时，会有太多雷同信息，用户已经产生视觉疲劳了，如果你的产品或服务能提供不一样的信息，就可以争取到更多的用户。

在产品营销创意方面，有一个这样的案例：

日本东京有个银座绅士西装店。这里就是首创"打1折"的商店，曾经轰动了东京。当时销售的商品是"日本 Good"。

具体的操作是这样的：先定出打折销售的时间，第一天打9折，第二天打8折，第三天、第四天打7折，第五天、第六天打6折，第七天、第八天打5折，第九天、第十天打4折，第十一天、第十二天打3折，第十三天、第十四天打2折，最后两天打1折。

商家的预测是：由于是让人吃惊的销售策略，所以，前期的舆论宣传效果会很好。抱着猎奇的心态，顾客将蜂拥而至。当然，顾客可以在打折销售期间随意选定购物的日子，如果你想要以最便宜的价钱购得，那么你在最后的那两天去买就行了，但是，你想买的东西不一定会留到最后那两天。

实际情况是：第一天前来的客人并不多，即使前来也只是看看，一会儿就走了。从第三天开始就一群一群的光临，第五天打 6 折时客人就像洪水般涌来抢购，以后就连日客人爆满，当然等不到打 1 折，商品就全部卖完了。

商家打折是常有的事，人们决不会大惊小怪。但有人能从中创意出"打 1 折"的营销策略，实在是枯木抽新芽的高明创意。那么，商家究竟赔本了没有？你想，顾客纷纷急于购买自己喜爱的商品，就会引起抢购的连锁反应。商家运用独特的创意，把自己的商品在打 5 折、6 折时就已经全部销售出去了。"打 1 折"只是一种心理战术而已，商家怎能亏本呢？

企业创意营销是建立在好品牌上。一个有创意的品牌才能让产品不至于在同质化严重的洪流中淹没。

品牌从来都不是孤立存在的。品牌的生存既依赖于企业内部经营环境，又依赖于市场和外部环境。无论是企业内部经营环境的变化，还是市场和外部环境的变化，都要求品牌适应这种变化，换句话说，品牌必须与时俱进，在变化中保持或提升，才能使企业和品牌永葆青春。在互联网时代，品牌管理的变，正是为了不变。

就品牌理念来说，必须具备在这个高科技时代足以代表超前时代的概念；从品牌本身属性来说，同样必须具备超前的设计和风格；从销售渠道来说，在新兴渠道不断涌现的当今，要想品牌能够更好地占领市场，有差异性，企业必须精心布局、想他人之未想，走在市场最前端，不断驱使品牌价值向前发展。

进行品牌运作，都是品牌经营者决定产品的创新，赋予品牌更多的独特之处。在品牌传播中，也是主张引领消费者产生更多美好的联想；消费者在使用品牌时，也是以满足个人的联想和喜好为主。

　　而在消费者品牌时代，这一切都被置换了，原本品牌给予消费者空间的时代已经过去了。现在需要的是品牌能够被消费者创意和被大众联想，这种空间换位的消费思想，就必须让品牌改变，迫使自身适应新的消费时代。

　　"白加黑"是个了不起的创意。它看似简单，只是把感冒药分成白片和黑片，并把感冒药中的镇静剂"扑尔敏"放在黑片中，其他什么也没做，实则不简单，它不仅在品牌的外观上与竞争品牌形成很大的差别，更重要的是，它与消费者的生活形态相符合，达到了引发联想的强烈传播效果。

　　在广告公司的协助下，"白加黑"确定了干脆简练的广告口号"治疗感冒，黑白分明"，所有广告传播的核心信息是"白天服白片，不瞌睡；晚上服黑片，睡得香"。产品名称和广告信息都在清晰地传达产品概念。

　　在互联主导的经济发展下，品牌的趋势更明朗。不仅要有客户定位，更要追求新、奇、特。有经济学家说，得年轻者得天下，但年轻群体喜欢消费的内容，已有了区隔性较强的文化标签和一定的"代际感"。在这里，要特别提到"二次元"这个群体，它主要存在于年轻人中。什么是二次元？如果以空间概念而论，一切存在于二维平面空间的图像都可被归入"二次元"行列。3D电子游戏等则属于彻头彻尾的三次元存在。以ACG内容产业为核心的日系二次元文化，在和高速发展的中国互联网擦出火花之后，成为两亿中国年轻人的娱乐和社交方式。当这种亚文化登堂入室，二次元也逐渐进入主流舆论的视线，乃至成为日常使用的语言。二次元们交流时，会共用一套带有浓厚二次元色彩的语言甚至表情符号，外人望去如云里雾里。这也是二次元被"长辈"视为异类、怪咖的原因之一。"二次元"这个群体正不断壮大。预计到2017年，中国泛二次元用户将突破3亿人，其中核心用户群会超过8000万人。

　　这类主流人物更爱追求新、奇、特，他们对一个品牌的认可完全来自这些方面，所以，品牌的发展就是拼创意。

无论是传统商业还是互联网商业，人们都会被其具有人性化特质的东西所吸引。可是，在今天有太多行销力活动和品牌建设缺乏个性，关键是让你的业务因为你独特的个性而更人性化。

因此，如何利用你自身的个性来使你的业务更人性化呢？发掘你自身的先天特质并将它们发挥出来。找到你自己的声音，把你自身特有的个性植入你的品牌以及每一个细节。不要像报流水账一样表现你的个性，要让它足够凸显而不是趋于平庸。

品牌作为一种具象和抽象共有的综合体，能给予消费者精神和物质两方面；而消费者在使用时，会对其进行评价和认知，在这个感受的过程中，以前是消费者感觉良好便会影响周围的人去购买，现在是周围的人说一个品牌好会促成另一个人去购买。这就是在消费品牌时代，品牌所带给消费者的感觉移位，个人的力量总也难以抵抗公众的集体评价。而这种集体式的评价对一个产品或服务来说，就是粉丝经济。

图 2 - 3　创意，是产品的生命力

四、销售的核心就是"吸粉"

麦肯锡的常务董事大卫说:"能够驾驭趋势的公司是成功者,逆流而上的公司往往岌岌可危。对企业而言,认清趋势,然后制定相应的战略以便驾驭趋势非常重要。"

在笔者看来,销售的核心就是要认清未来的顾客趋势。简单地说,要了解顾客当前正在做什么以及将来可能做什么——这些可以激发你想出新的产品创意、服务创意、顾客体验,以满足并预测顾客需要,最重要的方式就是跟踪顾客趋势。了解客将来做什么能为你的企业带来更多营收与盈利。所以,了解顾客趋势就意味着把握住了挣钱的门道。

当前经济是一个"无粉丝,不营销"的时代。销售的核心就是吸引粉丝。互联网时代让很多企业家认清了很多事,但关键在于,如果所有的努力都不能取悦粉丝(消费者),那一切投入就是打水漂,即市场的话语权回到消费者手中了。笔者认为,吸引粉丝的关键在于:提供价值,塑造价值。

那么怎么提供价值呢?以微商为例。

内衣商第一个考虑的不是怎么推广,怎么刷朋友圈,而是能为客户带来什么。客户需要的不是一款漂亮的内衣,因为漂亮内衣遍地都是,客户真正需要的是这个内衣能为"我"带来怎样的价值,是更便宜还是更实用,是防病还是提升尊贵感?在销售产品时先想到对方需要什么,而不是自己准备卖什么。

所以微商要认识到,自己不是卖内衣的,而是做健康事业的,每一个女性真正的健康才是关键。那么可以坚持分享相关知识，来影响更多的人。在这个过程中逐渐积累影响力，卖什么都不是难事。

对于互联网思维的定义，众说纷纭，有的说"免费、互动、高速"，有的说"平台、互动、开放"，还有的说"平台、互动、多元"。尽管说法各有侧重，但是绕不过去的一个特点就是"互动"，也就是说，要想凸显互联网思维的特性，最重要的就是突出互动，吸引互动，只有互动才能产生情感连接，进而带来忠实的粉丝。

与传统媒体的增大曝光量不同，社交媒体更注重与消费者的互动，先洞察用户的需求，接触内容的兴趣点及消费行为习惯，找到与消费者产生共鸣的话题，从而实现精准营销，吸引核心种子用户。

最后，就是口碑与扩散，通过意见领袖、核心用户群的社交口碑传播去影响关系网中的潜在客户。对潜在消费者的认知形成营销。实现从量变到质变的转化，构建属于企业自身的粉丝群。

与传统营销相比，网络营销具有三大突出优势：

第一是快速，信息内容能够快速地到达受众那里。

第二是扩散性强，传统的营销或广告是一个不断衰竭的传播模式，而网络营销则会通过朋友圈、微博甚至口碑不断扩散。

第三是互动性强，传统的营销模式是单向传播，商家与消费者之间缺乏近距离的交流与互动，而微营销则更加注重互动性，商家可以通过微营销平台与消费者进行交流与沟通。

雕爷牛腩、黄太吉为什么能获得成功呢？究其原因有三点：第一点是产品有足够的特点，无论是质量还是口碑等方面均是首屈一指，而且产品已经不单是一件物品那么简单，更是拥有了内涵，被赋予了新的概念，已经超脱产品本身，上升到了文化的高度；第二点是领军人物的时代感比较强，如今，企业品牌打造的方向已然发生变化，正慢慢从企业品牌向个人品牌转移；第三点是因为重视了粉丝的力量，把粉丝放到一个很高的地位，提高了粉丝的忠诚度。

在人人传播的自媒体时代，社交网络媒体得到迅速发展，企业的声音很容易淹没在信息洪流中，品牌传播怎样才能获取听众，找到品牌的引爆点？我们的营销团队2016年策划执行的社交媒体营销案例，都是具有互动性、娱乐性乃至争议性的话题，以事件来最大化拉动品牌声量，从而达到了上万级的粉丝效应。

好的产品要有好的营销，好的营销离不开好的团队设计，一场销售就是粉丝的狂欢。

图2-4　粉丝时代

五、连接，才是最好的媒介

连接思维是互联网思维的重要表现之一，当我们回首互联网历史的时候，会发现互联网让人与人、人与物之间的连接更为便捷。雅虎缩短了人与媒体的连接，谷歌缩短了人与信息的连接，微信和 Facebook 缩短了人与人的连接，淘宝、京东缩短了人与商品的连接。

在连接一切的移动互联网时代，社交的时间成本大幅降低，过去依靠电话、会议、会面沟通的方式，已经逐渐被微信所取代。如果说互联网改变了社会分工的区域障碍，那么移动社交带来的是沟通与协作方式的一种彻底变革。

变革的结果，是过去很多不可逾越的成本壁垒被轻而易举地攻破：当大公司的管理层还疲于出差开会，或为昂贵的可视会议系统埋单时，小微公司的团队建几个微信群，便可以轻松解决绝大多数跨区域、跨时差的沟通。

笔者从事数年的营销工作，近几年微信给笔者的工作方式带来的最大变化，是工作效率的成倍增长。例如，仅通过朋友圈，便可以随时掌握客户的动态、关系群等重要信息。只要你能合理规划时间和精力，原本疲于奔波和应酬的销售工作，可以通过更高效的方式解决。团队内部的资源协调、整合、人员调配和分工，也从未如今天这般高效和便捷。

这些变化意味着很多"小而美"的团队和公司，具备了和那些"庞然大物"公司竞争的筹码。

淘宝改变了无数个体经营者的命运；在移动社交时代，拥有海量用户的微信、陌陌、无秘等显性或隐性社交工具，同样会像当年的淘宝一样，再一次改变人们对商业活动的认知。马化腾曾在腾讯 WE 大会上提出连接一切的概念，认为人、服务、设备等一切都会智能化，并通过移动互联网连接在一起。在连接时代，拥有庞大的网络化电子生态系统的企业最有价值。这些企业可以不断地从自己的网络化电子生态系统采集数据，进行数据智能的挖掘，反哺自己生态中的其他机构或个人。例如现在的淘宝、微信就具有这样的实力。

基于这种生态性，其他的机构或者个人将会黏附在这个系统之中。生态系统将会越变越大，而且会不断积累各种数据。这些数据以及背后的数据智能其实就是系统的生命。

未来的所有企业，几乎都是连接性的企业。不过就目前的热点来说，更多创业企业还无法建立起大的连接性的公司，反而是传统企业进行连接性商业转化更为重要，也将有可能形成一个大的浪潮。创新型的企业可以在一些连接性的生态系统中寻找自己的位置或者缝隙，反过来更有可能进行突破。

事实上，互联网这样的连接所带来的并不仅是媒介广播的功能，更大程度上是社会资源的一种重新配置的巨大可能，它呈现一种史无前例的社会资源整合配置的全新态势。任何一种社会价值和功能都是建立在社会资源匹配整合基础上的。在传统社会，我们每个人作为社会成员所进行的社会配置、社会协调、社会匹配、社会协同只能在现实生活的有限生活半径和数量规模当中来实现，其效率和功能的形成都受到范围和数量的极大限制。但是，互联网带来的这样一种巨大的连接，使我们今天可操作的社会性整合的范围、数量及匹配方式有了前所未有的、巨大的突破和可能，任何一个人所拥有的各类有价值的资源——时间、知识、行动能力、社会关系等这些过去无法被社会整合、无法被社会激活的资源，今天在互联网的构造之下，便具备了被激活、被检索、被匹配、被整合的可能，这就是互联网给我们这个社会所带来的最大改变。

图 2 - 5 连接就是最好的媒介

连接对于企业意味着什么？连接力的强弱决定商业价值的高低。卖货只能让企业赚钱，但经营人群却可以让企业值钱。

中国最大的出租车公司不是上海大众，而是滴滴打车。滴滴打车不生产汽车，也没有一部汽车，但是滴滴打车改变了司机与乘客的连接，现在它的估值已经达到250亿美元。中国最大的百货商场不是万达，而是淘宝。淘宝既不生产产品，也不贩卖产品，它拥有的是卖家和买家之间的连接能力。

在古代社会，人与人的连接受地理位置的影响很大。很多人一辈子都不知道50公里外的人是怎么生活的。后来有了信件，人们之间的连接方便了很多，但是仍存在很多障碍。往往受制于距离，距离越远，方便性越差。所以我们看古文，每当古人离别时都悲伤不已，因为这次离别以后，可能一辈子都不会再联系上了。自从微信、微博、QQ这些社交工具大量出现，人们之间的交流变得随心所欲了。可以通过文字、信息、图片、视频等多种形式完成。像QQ、微博这样的工具，还可以按地区、性别、爱好等加好友，帮助人们建立沟通，建立交流，为我们的沟通创造了诸多条件。

互联网在O2O方面更是百花齐放，E袋洗连接的是消费者与洗衣服务，河狸家连接的是消费者与美甲服务。滴滴打车做好了人与车的连接服务。互联网的出现大大缩短了人与商品之间的连接，它降低了人们购买商品的路程成本和时间成本，让我们的生活更加丰富，人类与商品之间的连接从未如此便利。

互联网让所有人、事、物实现连接，人与人的连接让我们更亲近，人与物的连接让我们更方便，物与物的连接让我们的生活更智能。

传统经济和互联网经济，以前一直是互相割裂的"两辆马车"，在各自的轨道上运营。但是现在，无论是互联网还是传统经济都走到了十字路口。传统经济需要互联网来连接客户，互联网需要传统经济提供长远支撑。

合抱之木，生于毫末，九层之台，起于累土，任何东西只有建立在坚定的基石上，才能保证走得更长远。互联网作为一种连接形式，本身不创造什么价值。只有与传统经济结合在一起、与广大客户结合在一起、与广大劳动者结合在一起，才能在未来的路上越走越远。从这个角度讲，融合是必经之路。无论是沃尔玛收购1号店，苏宁与阿里巴巴交叉持股，还是京东收购永辉，都只是尝试，未来才刚刚开始。

六、向全世界刷存在感

互联网连接带来新机遇的同时，也给多数企业带来强烈冲击，使众多传统行业和企业不知所措，茫然甚至惊慌。"阿里巴巴为代表的电子商务兴起背后，是大批实体店的倒闭"、"滴滴打车的兴起，抢了出租车司机的饭碗"等论调此起彼伏。在一些传统行业看来，互联网就是搅局者，甚至是破坏者。

对此，我们应有清醒的认识：世界经济在换挡变速，中国这个最大的发展中国家也在更换"发动机"。传统的要素驱动渐至终点，新的动力源亟待重构。作为自工业革命以来影响最为深远的技术革命，互联网催生了新技术、新产品和新业务，催生了新经济增长，其对经济增长的贡献将超过以往的技术变革。互联网经济仿佛一块新大陆，正吸纳和改造着旧大陆的种种要素，塑造出日新月异的经济版图和商业生态，也带来了新的发展趋势。经济全球化是每个企业都要具备的前瞻战略。

产品和服务全球化已是趋势

企业的业务模式和体系将进一步全球化，公司的地域性将不再明显，企业将越来越灵活地在全球配置运营活动。例如，三星的总部位于韩国，但其制造设备和研究设施却遍布全球。这种变化不仅针对那些大公司，对于规模相对较小的公司也同样适用。在欧美一些国家，不少公司的总部没有变化，但大量业务却发生在成本低廉的国家，传统意义上的"公司城"的概念一去不复返了。公司也在慢慢变得"扁平"，它们早已是地球村的一部分了。

图 2-6　产品和服务全球化已是趋势

　　世界经济发展大势，全球化的经济发展态势，使每一个企业都有可能向全世界发出自己的声音，把自己的品牌和产品推出国门。

　　例如，有记者采访意大利威尼斯的外国友人艾瑞娜女士，在家电的选择上，她比较了好几个国际品牌后，最终点开海尔意大利空调贸易公司网站，订购了一款具有 Wifi 智能遥控功能的变频空调。同时，艾瑞娜还在网上注册成了海尔会员，这意味着她可享受海尔专门为其提供的额外延长保修一年的增值服务。

　　和艾瑞娜一样，全球越来越多消费者正在成为中国海尔的"粉丝"。作为一家来自中国的企业，海尔虽然并非出身"豪门"，但经过 30 年的"打拼"，如今已跻身国际知名品牌阵营。为充分满足全球消费者的个性化需求，海尔还创造性地建立了"全流程并联交互开放式创新生态体系"，充分与用户、供应商、全球一流资源进行交互。在这个体系的指导下，海尔搭建了用户、供应商及一流资源并联交互产生创意及解决方案的研发模式。

首先，与用户深度交互，丰富产品设计创意，通过网络入口，每天可吸引 100 多万粉丝参与海尔产品的互动，平均每天产生有效创意 200 多项。

其次，与供应商深度交互，实现模块化解决方案，最有特色的一点在于，海尔正在搭建 C2C 的用户平台，海尔的用户可以在此互相讨论以解决产品问题，高效的反馈将成为海尔区别于其他竞争对手的一大优势。

"如今在海尔全球各区域的用户交互平台上，我们随时都能看到用户最新的想法及其对未来生活的设想。"李攀告诉记者，海尔大量的产品开发创意都来自于用户交互平台。例如，印度市场的 "Jhukna Mat" 冰箱、适销于巴基斯坦的断电 100 小时保温冷柜、在日本销售的手持洗衣机 Coton 等。

海尔引领了全球化经营的行业典范，锻造世界品牌，交互全球粉丝。还有其他领域的代表，如阿里巴巴敲响了全球贸易的大门，中国银行在本土金融的基础上加上了"洋范儿"，华为更是把手机推向了全世界，在华为总裁任正非看来，国际化仍然是以中国为中心，而全球化是以世界为中心，华为就是要成为全球化的企业。2014 年华为全球销售收入预计约 2890 亿元，同比增长 20%；主营业务利润为 339 亿～343 亿元。华为的成就，让中国通信企业从世界通信舞台上的追随者转变成领跑者，华为也成为享誉世界的中国品牌。

所以，未来经济的发展大势是全球化趋势，企业都要有向全世界刷存在感的决心和勇气，创新，用心，与世界接轨。全球经济活动中心的转移，给中国企业带来了新的机遇和挑战。随着中国经济的快速发展和经济全球化，中国将会出现越来越多的跨国公司（可以把联想公司看作这样一个好的开端）。全球产业结构的变化也会影响中国公司的形态，对公司的定位提出了新的要求，这对中国的巨型公司和中小公司都提出了新的挑战。

中国企业需要进一步全球化，这一方面体现在中国企业要在全球化分工中找到自己的定位，另一方面体现在企业自身也要全球化。随着新的产业结构的形成，中国企业需要在这个新的"企业生态系统"中找到自己的定位。

全球化不仅是生产与销售系统的全球化，更是整个业务经营体系的全球化。这意味着企业所有的管理系统都要向全球化方向发展，包括企业的劳动力策略和人才策略。这对中国公司的战略思维和人才布局都提出了新的要求。

对于中国的企业家而言，这种全球趋势的变化，也对他们提出了新的要求。在过去20多年里，中国的企业家表现出色，但如果要在未来10年继续保持这种发展速度，不仅需要继续保持创新精神和捕捉机会的能力，更需要加强自己的专业精神。他们应该坚持高标准的道德要求，以诚信和优质赢得客户、员工、社会的长期信任，而不是仅关注短期得失。

商道纵横智慧：企业突围的重点在哪儿？

> 顾客都到哪里去了？
> 建立自己的品牌吗？
> 你究竟要卖什么？

无论在传统经济时代还是在互联网时代，顾客永远是上帝。不论是服装业还是美容业，常有企业主感叹顾客都到哪去了？笔者想说，顾客都奔着有情怀的企业和产品去了。

举个例子，现在看到的电视广告中，打品牌的基本大而空，让人听了感觉比较装，都不是人性化的品牌。很多企业已经注意到这一点，如海尔这种传统企业，从以前代表中国向世界宣战"海尔中国造"变成现在的"你的智慧生活，我的智慧生活"。说明最传统的制造业已经开始转变，开始卖情怀了，我们互联网企业也一定要从"人"出发，人是品牌的源泉，你的品牌理念一定不能离人太远。

品牌究竟是什么呢？品牌就是"烙印"，所谓烙印，包含了三个基本特征，一是与生俱来，不是后面贴上的标签；二是用于识别，识别这是我的而不是别人的；三是私有财产，区分这份资产是我的而不是你的，具有私有财产的属性。

优秀的品牌不是简单地贩卖东西，苹果贩卖的是改变世界的创新精神和"非同凡想"，星巴克贩卖的是调性和"第三空间"，莱卡贩卖的是逼格和传奇。没文化或缺少品牌能力的企业才会硬邦邦地论斤卖东西。这种优秀就是一种品牌精神，或者说企业情怀。苹果产品越来越普及，喜欢它的人越来越多。或许有人说苹果系统流畅、使用体验好、设计好看等，很多人发现他们的手机、平板电脑都必须是苹果，它成为你生活中的一部分。这就是情怀，以用户体验为中心、对设计和技术的执着，笔者理解的情怀至少要包含这些。

有人会问，情怀值多少钱？众所周知，iPhone的售价远高于成本，很多人愿意排一夜队花5000多元买一台苹果手机，而对其他品牌却鲜有这样的情况。这背后的原因主要是品牌溢价，而苹果品牌在消费者心中的形象不用赘述，这种与生俱来的高端可能来自iPhone任性的定价、乔布斯的偏执、苹果对产品的精益求精，但更离不开消费者对这样一个高端品牌本身的需求，这种需求，也算是生活水平提高后人们对消费品的一种情怀了。

但凡对自己的产品有责任心、有追求，并能不断坚持付诸实践的企业，在笔者看来都配得上情怀一词！总之，情怀是需要认真做的，而不是放在嘴上说的。就像苹果、奔驰、宝马这些品牌，他们的努力绝对有资格称为"情怀"。

情怀是什么？在互联网上，产品和用户直接连在了一起，企业通过用户对产品情感的认同、品牌故事和社交手段吸引用户的目光，力图在产品同质化的今天打情感牌从而让自己与众不同，但是，任何有情怀的产品都不是凭空而来，是在借鉴别人成功的基础之上，找到一个点，"今天这个时代，只要做好一件事情，就能改变世界！"看似很快，看似横空而出，其实背后的积淀可能是三年、五年、十年甚至更久。

所以，一款很不错并打上"情怀"的产品，并不是"为赋新词强说愁"，而是真真实实找到用户的"痛点"，并且用一款产品给用户"疗伤"，吃一片"疗伤药"大概只需要几秒，但是这款神奇的疗伤药的开发、研制、工业化生产却需要漫长的时间，所以，不要只盯着苹果系列无限风光的幕前，甚至简单地理解为有情怀的产品就有市场，如果看看背后，研究同类产品的历史，那么，或许不会让自己浮躁，静下心来，真的做出一款真正有情怀的产品，在互联网上进行一次"颠覆"！

企业情怀一定要建立在精良的产品之上，而不是夸下海口的伪情怀，要是真情怀。

第三章 商业模式创新：
有新思维才有新创意

循规蹈矩的跟风者有两个下场，一是继续跟风，二是掉队。有了第一个吃螃蟹的人，天下人才有螃蟹吃。

创新的商业模式在规模和速度上对当今行业格局的改变是前所未有的，数不清的商业模式创新正在涌现，各个行业的游戏规则在不断改写，采用全新商业模式的新兴企业正在成为传统强势企业的掘墓人。当今企业之间的竞争就是商业模式的竞争。

一、创新商业模式 VS 传统商业模式

到底什么是商业模式呢？笔者的经验告诉我们，绝大多数人并没有搞清楚这个问题。很多人对这个词的理解还停留在这个阶段：我是做什么的？我靠什么赚钱？这当然也是商业模式的一部分，但肯定不是全部。那么，到底什么才是对商业模式的完整理解呢？虽然商业模式这个词已经广为人知，但

由于这个词真正流行也不过 20 年，对它的定义并没有举世公认的标准版本。在各种定义版本中，笔者更偏好哈佛商学院教授克莱顿·克里斯滕森的版本：商业模式就是如何创造和传递客户价值和公司价值的系统。虽然每个人对商业模式包含元素的理解都不相同，但对这个词的定义应该都可以接受。

商业模式是一个非常宽泛的概念，跟商业模式有关的说法通常很多，包括运营模式、盈利模式、B2B 模式、B2C 模式、"鼠标加水泥"模式、广告收益模式等，不一而足。商业模式是一种简化的商业逻辑。

用最直白的话告诉大家：商业模式就是公司通过什么途径或方式来赚钱？简言之，饮料公司通过卖饮料来赚钱；快递公司通过送快递来赚钱；网络公司通过点击率来赚钱；通信公司通过收话费赚钱；超市通过平台和仓储来赚钱等。只要有赚钱的地儿，就有商业模式存在。

我们看一下传统模式是什么。

传统商业模式是指一个企业生产产品或提供服务或利用产品和服务为每一个客户提供作用和价值，从而为企业创造最终利润。在商业模式过程中，主要关注企业在市场中与用户、供应商、其他合作伙伴的关系，尤其是彼此间的物流、信息流和资金流。传统流通模式下，在商品从生产者转移到消费者的过程中，依次经过批发和零售等环节。批发商在商品流通过程中作为生产商，与生产商、生产商与零售商之间接触较多。传统商业模式下各种交易都是透明的，都是具体的实在交易，因此也称为有形市场。现在的沿街商铺、步行商业街等都是一种传统的商业经营模式。

那创新的商业模式又是什么呢？笔者认为，随着电子商务的发达和互联网的日益精进，新的商业模式主要是在互联网电子商务基础上设计出的商业模式。

电子商业模式是在全球各地广泛的商业贸易活动中，在互联网开放的网络环境下，基于浏览器/服务器应用方式，买卖双方不谋面地进行各种商贸活动，实现消费者的网上购物、商户之间的网上交易和在线电子支付以及各种商务活动、交易活动、金融活动和相关的综合服务活动的一种新型的商业运营模式。电子商务包括电子货币交换、供应链管理、电子交易市场、网络营销、在线事务处理、电子数据交换、存货管理和自动数据收集系统。在此过程中，用到的信息技术包括电子邮件、数据库、电子目录和移动电话。

以 TCL 为例，在传统商业模式下运营了几十年，是一家非常成功的传统彩电厂商，但在互联网思维的主导下，也积极寻找新的商业创新之路。与百度、爱奇艺合作，通过深度导入互联网思维，成功开创了一种全新的商业合作模式。这种模式最显著的特点就是，把事情交给整个产业生态圈内最擅长的企业去做，唯有如此，才能在最短时间内，将产业链各个环节中的强势企业和资源整合起来，一起做出最强的产品。在这次合作中，拥有逾30年彩电整机研发经验的 TCL 主导 TV＋的研发、制造和售后服务；华星光电负责上游屏资源供给；拥有内容优势的百度、爱奇艺提供互联网技术和影音内容支持，实现了软硬件的优势互补；而擅长 3C 网购服务的京东则为 TV＋提供了强大的电商渠道和快捷的物流配送。各大强势企业的倾力灌注，让 TV＋一出生就势头强劲。"生态圈模式通过整合各个领域里的最强者，让参与企业都能够将自己最擅长的事情发挥到极致，这样的聚合效应绝对是'1＋1＞2'，最终的合作成果也将让其他产品望其项背。"

TCL 的这种创新只是商业模式的一种进步，真正的创新依然在考验着每一个未来的企业和商业。就像一些成功人士总结的那样，以智能机器为代表的第四次工业革命正在来临：智能收费系统把超市、银行收银员废掉了；机器人把工人废掉了，富士康机器人一上，原来需要 38 人的车间只要 5 人了！智能汽车，智能驾驶把司机废掉了（试验车辆 5 年未出事故，停车精确到毫米，国外开始发无人驾驶牌照）；3D打印把生产线、工厂都废掉了，直接一次成型！微信把移动、联通、电信收费业务变免费了，你还经常发短信吗？电子商务＋全国一日送达，把普通物流、快递公司甚至邮政特快专递以及实体商店废掉了（相当于把网上超市开到你家门口，开在你的手机上）！你的优势迟早会被趋势所代替，过去能保持十年，今天可能只保持半年！这个世界变化太快，就是一个电子商务的时代，只要你接触了网络，只要你了解网络的力量，你就会明白，其实，我们大多数人都只是在网络上消费，而很少有人会利用网络去获利、成功。而成功的人，早已领跑我们了。

互联网背景下的商业模式创新要求我们准确把握互联网对企业商业模式的影响。传统商业模式围绕提供产品和服务，通过为最终用户创造价值获得收益，体现的是价值在价值链上的单向流动。互联网时代的平台商业模式，着眼双边或多边市场的用户需求，体现的是价值在网状价值链上的双向流动。具体而言，这种影响和挑战主要表现在传统营销方式、传统服务模式、传统运营模式、传统组织管理等方面。这里以对传统营销方式的影响为例，传统的基于建立规模化实体渠道的营销方式受到了互联网渠道的巨大冲击，众多实体渠道商面临着生存的压力。互联网渠道具有覆盖面广、接触半径大、产品展示空间无边界、展示成本低、推广方式多样等优势，网络销售中的产品价格明显低于线下的零售价格，因此，线上电商大行其道。

互联网背景下的商业模式创新要求我们认真研判互联网背景下企业商业模式的演变趋势。互联网作为新经济的核心，已经对现存的商业模式、竞争规则等产生深刻影响。从产业边界看，互联网经济向传统产业渗透、延伸，使产业边界由清晰变得模糊；从企业形态看，以资本为纽带的实体企业向以契约为联系的虚拟企业发展；从竞争模式看，从独立竞争向企业联盟、网络生态环境、平台商业模式竞争转化；从组织结构看，组织从正式结构向网络

经营模式

商业
模式

合作模式 技术模式

图3-1 商业模式需要三足鼎立

化非联盟转化；从信息占有看，信息从独占走向共享。

综上所述，以上几种模式已经大范围地被网络领跑人利用并获利，而我们想继续用这些模式去成功，可能性微乎其微，那我们怎么办呢？创造新模式，走在他们前面，走在想法前面！

二、商业模式的自我诊断

每次给客户培训，笔者总是对他们说："你得告诉我，你凭什么能赚钱？商业价值多大？"

和很多企业打交道，说真的，笔者内心深处非常钦佩他们，每一个人身上都有独到的地方。但是有时候不管从商业计划书上，还是和创业团队交流中，我都没有了解到他们是如何赚钱的。有时候创业团队告诉我，它的计划未来可以赚很多钱，甚至还告诉我，盈利的方式太多了。

这个时候，笔者就有质疑了：你到底靠哪种方式赚钱？哪种盈利方式对你当下的情况是有利的？你如何做才能让未来更好，有更多的盈利方式？

企业需要思考自己的商业模式能够获得的商业价值是多大。商业价值的大小决定了这个企业经营的长短，项目的发展潜力和增值空间。

很多商业模式看起来可行，但是实际上有些商业模式的可持续是有问题的。例如团购网。

团购的初衷是想帮助商家聚集更多的消费者。通过团购网，一方面，商家可以搞促销，增加品牌知名度；另一方面，团购可以为商家带来更多的、可以按原价消费的潜在客户。但是问题就出在这，假设一个商家刚刚和美团合作，原价100元的商品，通过美团消费只需要40元。现在美团网的活动结束了，人气就没有了，原因是那些人一看到恢复原价，或者在网上可以查找到40元团购价的时候，消费者就有了这样的心理，如果价格不降到40元，我就不买了，花100元买也太亏了吧！所以问题就出现了，商家本身的意愿只是靠团购增加用户数量和营业额，但是他发现自己的毛利在不断降低，而且还养成了"团购依赖症"，也就是说，一个商家和美团网合作快结束时或结束之后，又和另外一个团购网开始合作，以维持所谓的人气和营业额，然而这在长期却损害了商家的利益。所以这种商业模式的可持续能力是较差的。还有，竞争对手的增多，会使得竞争格局发生变化，也使得原有的商业模式受到挑战。

那么，企业对于商业模式的自我诊断从哪几个方面入手呢？

第一，总结提炼企业的盈利模式如何构建的，也就是现在的商业模式是什么样的。因为企业靠这种模式走到了今天，我们就需要把模式提炼出来，告诉企业。这个本身没对错，模式没有对错，只能客观描述，说明这种模式至少走到今天是对的，先把现状描述出来。

第二，运用这样的盈利模式，业务的开展手段和措施有哪些是有效的，所谓的业务模式的总结。基于业务模式的总结，最主要的是看业务的手段和方式，按照什么样的经营理念来操作，这就是所谓的经营理念的问题。经营理念采取了哪些方式，如银行借款、总包分包、资金抵押等方式，就是构建了这样一个模式之后，采取了哪些措施才能走到今天。

第三，是经营业绩的评估，确定了这样的模式，运用这样的方式开展工作，到底经营得好与坏，如利润率、企业规模，最主要的一个指标是要看这个公司是不是跑赢了"大盘"——企业发展规律和行业增长率是否同步，还是高于行业。说一个企业的利润率，单一地看是增长的，没有比较的话，这个公司很好，持续再增长，但是如果行业的增长率在另外一个层面上，显然没有意义，平均线都达不到，至少说明没努力业务经营，或管理措施不到位。在这个地方，我们最主要的是评价企业与行业之间的差别，与竞争对手比较只是点对点的对比，没有意义。

第四，对于企业管理模式的诊断和评估。管理现状的描述和认知评估。管理现状就是确立了什么样的管理模式和什么样的组织架构，按照什么样的权责体系运作。在这个过程中，大家对这种方式的认知，包含了对业务的影响，需要有评判，是不是能够保障业务和促进业务。

企业自我诊断的目的就是要发现自己商业模式的优劣，如果是盈利的商业模式则继续保持，如果盈利不易或者有亏损迹象，就需要积极采取应对措施。

运行机制

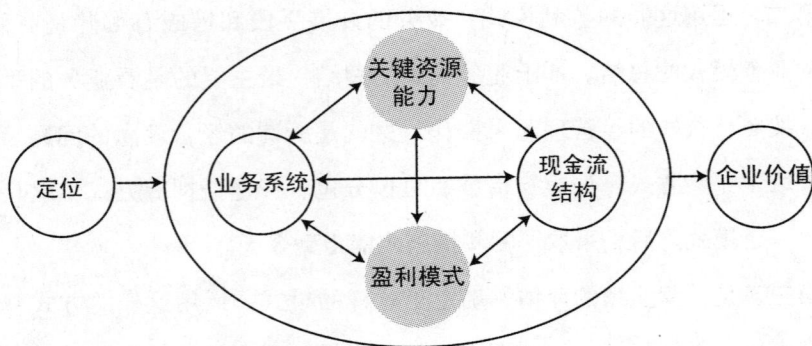

图 3-2 企业运行机制

成功的商业模式需要具备以下四个特征：

（1）要能提供独特价值：可以向客户提供额外的价值，要么使客户能用更低的价格获得同样的利益，要么用同样的价格获得更多的利益。

（2）商业模式是难以模仿的：如直销模式（仅凭"直销"一点，还不能称其为商业模式），人人都知道其如何运作，也都知道戴尔公司是此中翘楚，而且每个商家只要它愿意，都可以模仿戴尔公司的做法，但能不能取得与戴尔相同的业绩，完全是另外一回事。这就说明了好的商业模式是很难被人模仿的。

（3）成功的商业模式是脚踏实地的：脚踏实地就是实事求是，就是把商业模式建立在对客户需求的准确理解和把握上。现实中的很多企业，不管是传统企业还是新型企业，对于自己从何处赚钱，为什么客户看中自己企业的产品和服务，都不甚了解。这样不切实际的"商业模式"，在互联网狂热的时候，简直数不胜数。

（4）成功的商业模式离不开优秀的团队：在 20 世纪八九十年代，PC 机还是暴利的时代，IBM 却宣布转型，要做服务、做软件，这次转型奠定了 IBM20 年的高利润。为什么它可以预见未来？因为它的核心团队发现了行业从硬变软的趋势，从而提前布局。大部分企业死掉是因为团队跟不上发展的节奏。

三、模式创新的边界突破

随着互联网时代的到来，已经出现了交易成本基本接近零的各种新兴商业模式和管理模式，突破了企业的边界，形成自主组织、进化写作的方式，进而改变了管理的原则和前提。

当交易成本不断降低的时候，大企业赖以生存的根基开始动摇。小型企业、小型组织、小型团队开始借助互联网和移动互联网与全球用户共享资源和知识，产生了极大的生产力。加里·哈默在海尔调研时说："未来的组织没有层级。我把海尔和谷歌、微软等公司放在一起比较，发现这些伟大公司最基本的创新单元都非常小，而且人数非常少，有利于灵活地面对市场。"

充分说明一个问题，商业模式创新面对的问题就是要认清企业边界可能会慢慢消失。模式创新首要解决的问题就是打破边界。

竞争过度的今天，企业如果想要持续发展就必须不断创新，而传统行业的竞争基本饱和，企业如果想获得发展空间就必须转向边界之外进行创新。突破客户边界、突破需求边界、突破行业边界、突破产业链边界，每一个突破都可能成为推动商业模式创新的主导因素。

突破客户边界

企业为寻求长足发展而不断进行价值创新，但越创新疑惑却越多——为什么我们的客户越来越难维持，潜在客户越来越难找到？为什么我们的企业加强了产品的针对性，市场细分却多如牛毛？这些问题值得我们的企业家认真思考，而思考的必然结果之一是"突破客户边界"！突破客户边界要求我们在思维上打破传统的客户边界勘定原则，打破现有客户和非客户间固有的关注要素，从而重新审视我们的产品和服务。

如何破？我们可以跳出固有的客户选择标准，争取未被满足需求的潜在客户和平时在我们视野之外的客户的客户，我们从这些客户中分析并找出最小限度购买或考虑购买的客户，并在消费导向上引导、教育并培养他们。同时关注客户对需求的不同或变化，扩大寻找客户的范围。我们还必须降低或放弃与对手的血腥红海竞争，在传统非客户上做文章，延伸或开辟新需求、寻找新客户。只要跳出现有客户，把原来的非客户转为客户，企业就会海阔天空！

突破需求边界

商业模式创新需要特别关注客户未被满足的精准需求。谁能够关注客户的潜在需求，或者洞悉客户需求的变化，谁就可以在重新定义客户需求上获得先机，打破领先者制胜的格局，成为这个市场新的领跑者。一般地，在某个细分市场中，总有部分客户需求得不到满足。但是，现实中许多未被满足的需求往往潜藏在客户内心深处尚未被觉察。明确这些需求，并从中寻找到能够提升客户价值的东西十分重要。

当然，企业不可能满足全部客户需求。客户的需求是无止境的，全部满足也不现实，只能部分满足。因此，企业必须首先选择不同战略族群的关键客户价值，进行需求上的重构。大部分企业都用普遍接受的战略类型或业务类型进行竞争分类，并努力在对应的族群里做到最好。通过选择不同战略族群的关键客户价值来重新构建需求，可以使企业避免竞争中的利润消耗，独自开辟蓝海。

其次，要改变行业原有诉求点，在功能和情感中转换。谎言重复一万遍可能变为"真理"，但企业诉求最终无法代表客户诉求，谁打破旧诉求的竞争，谁就第一个赢得新客户，创造新利润。概括地讲，我们不要只在看得见的冰山一角上重复地过度竞争，而应该率先深入看不见的冰山之基，做收获者。只要延伸需求内涵，把原来忽视的最重要的需求挖掘出来，让最强的竞争对手也自废武功。

突破行业边界

《变者生存》的作者曾涛在这方面研究颇深，他说：我们多数企业都是在已经被行业先驱者死死划分的藩土上进行着激烈的竞争，由于竞争促使行业越来越成熟，随着产业竞争的逐渐升级，产业中各个要素方面的竞争差距会以"回归"的走势逐渐缩小，所有的企业也就进入了深度同质化阶段，微利时代临近，全行业面临着重新洗牌。在同产业中，企业塑造竞争优势，往往要以行业关键成功要素为导向。例如，在成熟的产业中，成本优势往往是行业成功的关键要素，这意味着行业中的企业以及潜在的进入者，都会将这一要素作为衡量企业自身在产业中竞争地位的关键考量因素。换言之，同质化竞争是企业竞争无法逾越的樊篱，产业边界限制则是上述怪圈得以形成的症结所在。一些实力较小的企业跟随标杆，步其后尘，在逻辑上，是难以找到"后来居上，以小博大"的路线的。这就必然会成为马太效应的催化剂，使得处于弱势地位的中小企业面临更为不合理、不公平的境遇。一言蔽之，不能突破产业边界值樊篱，是一些行业难以有所突破的根本所在。

突破产业价值链边界

竞争战略大师迈克尔·波特曾经指出，价值链的各个环节对于利润的贡献是不一样的，企业应将自己摆放在最有利的市场地位，掌握关键资源、关键能力以获得更多的利润。创新的商业模式必然会突破原有的产业价值链，在整条产业价值链上处于主导地位，而非被动地成为产业链分工的接受者。在互联网时代，拥有开放的平台以及较强的资源整合能力的企业，在价值链上必然具有较强话语权。近年来，部分加工类企业向价值链前端，如研发、设计，以及价值链后端如渠道、服务等环节延伸，也是协作模式创新的主要形式。随着互联网化和全球化的发展，协作模式创新将成为商业模式创新的主要类型。当然，商业模式创新要兼顾产业链上下游的盈利，只有产业链上下游盈利，才能够保证这个产业有效发展。

当企业的边界逐渐消失时，内部成本减少，边界不断往外、往下延伸，直到最基层、最接近市场的地方。小米粉丝成就了小米公司，他们为 MIUI 提出修改意见，甚至参与产品的定价、决策和销售环节。有了互联网，无论你身在何方，也不必在乎你旁边坐的是谁，只要在互联网上找到最佳人选，发掘他们的聪明才智，就能创造价值。

优秀的人会聚集在他们感兴趣的社群，关注出色的项目和聪明的人群，尽管他们可能属于不同的公司，但他们乐于为同一个没有边界的组织贡献智慧。如何聚集这些优秀的人，就是商业模式创新要考虑的问题，突破边界才有无限可能。

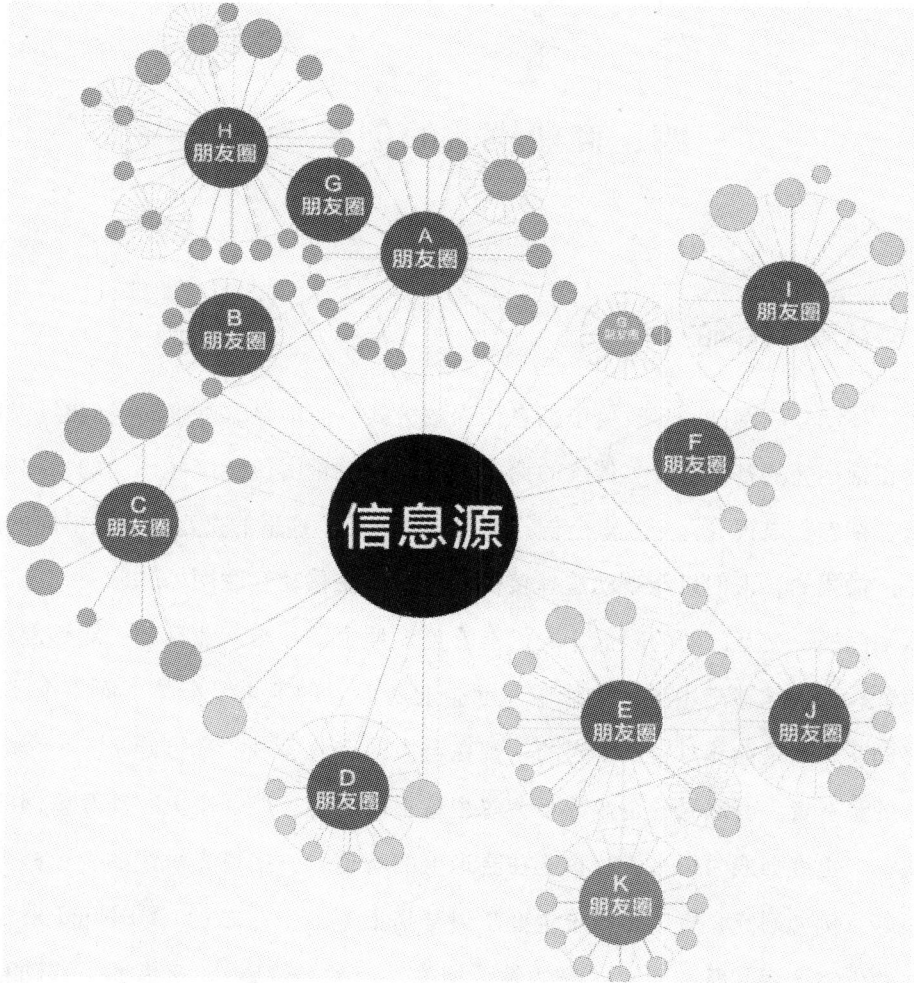

图 3 - 3　互联网时代，谁有信息，谁有话语权

四、商业模式的创新思维

认清互联网的 DNA

移动互联网进一步改变了信息传递的方式，而信息，是推动我们经济社会正常运转的基础之一。传统的商业很大程度上是由传统媒体驱动的，如报纸、杂志、电视等，企业做广告，消费者来消费。这里的交互往往是单向的，是广播式的，人们只能被动选择接受与否。而在移动互联网的基础上，由于认知门槛、交互门槛的降低，人们能够更多地主动参与商业活动，能够发出声音，个人能够产生更大的影响。而企业所面对的不再是群体，而是个体。移动互联网是能够对应到个人的，现在再大的企业面对的都可能是一个个单独的消费者。有远见的企业都不会忽视这里的机会。能否搭上移动互联网的快车，也许会成为很多传统企业在赛道上的弯道。一些目光敏锐的企业做得很好，例如耐克，应该是传统企业里最早搭上车的企业之一。Fuelband 所建立的生态体系，既和耐克本身的领域相关（运动和健康），又借助了移动互联网的优势。

多数借互联网的东风一骑绝尘的企业，被行业和消费者认为是拥有了互联网基因，也就是说，企业只有拥有了互联网的 DNA，才能在互联网经济的天下分得一杯羹。

传统工商业的基础逻辑是建立在如何尽可能地提升制造和售卖效率的基础上的。互联网商业的基础逻辑是必须有规模性客户群的规模性活跃，才有后续的生意。传统企业确实需要学习这一点，进而再造自身的生意模式。未来商家的商业逻辑将变为，哪些领域是用户较高注意力投入、较多时间精力投入的，哪些领域往往隐藏了大量的新型业务的增长空间。或者说，如果你希望自己的转型业务有增长，就必须想尽办法占据新一代消费者的时间份额。

图3-4 互联网基因

前文提及的用户基础身份、用户社交行为、用户时间份额，这些要素对于传统企业的战略转型非常重要，但同时也长期失守，使自己完全暴露于互联网竞争对手的跨界炮火之下。传统企业必须牢牢掌握住自己的战略资源，并加快学习速度，理解移动互联网的生意门道，移植移动互联网的 DNA 于体内，实现真正意义上的转型跨越。

流量就是金钱

纵观博客、微博、微信等，不论是社群还是平台，能够带来利润的主要是人流量和点击量。所以，流量就是金钱。

网址之家hao123，是成立较早的一个网站，创立于1999年。那时，互联网刚在国内兴起不久，人们对于上网还非常陌生，搜索引擎也不如今天这么方便易用，用户常面临查找不到网站的困难。瞅准这个空当，hao123专门为网民提供网址查找服务，即把各门各类的网站分类摆到首页上，网民不需记住太多网址，只需将hao123设置为首页，打开浏览器即可。经过几年的打造，hao123已经成为数千万网民寻找网上信息的入口站点，而且对其有着非常强的依赖性。据说电信部门的服务人员上门安装宽带时，为了简化对新网民的培训，一般直接把用户的首页设为hao123.com，然后留下一句"要干什么，这里都有"就走了。

hao123的成功说明：一个商业模式的好坏不在于是否高大上，而在于抓住市场需求和用户量。

对互联网产品来说，用户和流量就是产品的生命线。百度斥资千万元收购了一个功能简单得不能再简单的网站hao123，让市场大呼不解，李彦宏看中的无非是该网站能够给搜索引擎带来的流量。各大门户网站如网易、搜狐，其收入在公司总营收中的比例都很小，但是出于流量和用户角度的考虑，任何一家主流门户网站，都不会轻易舍弃这一巨大流量的来源，同样是这个道理。

一款产品依靠基础用户的青睐而达到最大的市场占有率后，流量和用户就代表了可挖掘的现金流。流量变现一般有两种方式。第一种是吸引第三方产品进驻，对此进行收费或者快速流量变现。例如，360安全卫士开发了桌面软件商店和游戏捆绑入口。第二种是向高端用户或者垂直领域的用户提供差异化的增值服务，例如 QQ 的 QQ 秀和绿钻等级、优酷的高清视频收费服务、迅雷面向付费高级用户推出的更快速下载服务。

图3-5　产品运营核心就是流量与转化

羊毛出在猪身上，让牛埋单

"羊毛出在猪身上，让牛埋单"，指的就是互联网公司"出售"免费的产品和服务，然后通过流量运营、广告出售等方式来获取利润，看起来并不是直接由消费者埋单。

有一个叫梦露的品牌，它只做女式睡衣，销售价格为 188 元一件。只有两种款式，吊带的和齐肩的，也只有两种颜色，橙色和紫色。这家公司用了一种不一样的网络销售方式，免费送。如果你穿了感觉很好，就请你帮我们做口碑宣传。

如果这件睡衣送给你，你会要吗？当然会。

但是这家公司提了另外一个要求，我们送给你是可以的，你可以出快递费吗？快递费是23元一件，但是支持货到付款，支持退货。消费者是零风险。也就意味着你花23元快递费可以拿到一件价值188元的女士睡衣，你愿意吗？也许你第一次看到可能不会动心，但是如果你发现同一时段竟然有157家网站都在为此打广告，你会不会点开看一看？那么，我相信至少有免费送，到底送多少呢？

第一阶段送1000万件，我们计算一下，188元一件，1000万件，等于多少钱？18.8亿元，这家公司愿意拿18.8亿元砸一个市场，各位告诉我，之前有这样的公司吗？应该没有，或者很少。也许很多人都会想，他们是赔钱赚吆喝。

但是这家公司既不是中国500强，也不是世界500强，这时候，即使很多人为了满足好奇心，也会订一件。于是，你留下名字、电话、手机、地址，13天后，快递真的送到你家了，你打开一看，睡衣质量真不错，在市场里面可能超过188元或者288元，你要不要付这23元快递费呢？

很多人看不明白，这家公司是干吗的？是做慈善？还是赔钱赚吆喝？

那么，我带大家算一笔账，1000万件睡衣免费送，我们先要解决货源问题。做生意的人都知道，中国义乌小商品批发市场世界闻名，在那有很多小型的服装加工厂，所以制作成本可以很低。而且我要做1000万件，那么你给别人做要10元，给我做8元可不可以？注意，是夏天的女式睡衣，款式简单，又省布料。

80%的人都会订上一件。那么免费送，到底送多少呢？

为什么成本8元的睡衣在商场里面可以卖到188元？今天我们买双鞋，市面成本是50元，可是商场里面不是名牌的卖300元，是名牌的卖500元，请问 300 元－50 元的钱去哪儿了？商场。没错，商场拿了 27%～33%，营业员分了 12%。梦露睡衣生产成本只有 8 元，但是到消费者手中没有任何商场环节，所以 8 元的睡衣拿到商场里卖 188 元。

这样消费者真正得到了实惠，消费者开不开心？

消费者觉得赚了，肯定开心！

接下来就是快递的问题了，我们平时快递一样东西，至少需要 10 元，但是，如果我一年有 1000 万件快递要在你的公司运送，可不可以便宜？最后 5 元敲定，因为夏天的女式睡衣很轻，又很小，一个信封就可以装下。

下面就剩广告了，本来这种在网上免费送东西的广告是不需要花钱的，因为网站要的是浏览量，今天你试试看，如果免费送产品，我保证 N 多网站帮你送东西。但是，为了让我的睡衣送得更疯狂，只要在你家的网站上送出去一件，我就给你 3 元的提成，你是不是会把广告打得更疯狂？于是，所有的网站都帮着打广告。

我们再算一笔账。23 元减去 8 元减去 3 元减去 5 元还剩下多少？7 元，那么就是说，他们实际上送一件睡衣只付出了 16 元的成本，但是，消费者却付了 23 元的快递费。就是说，他们只要送一件睡衣就赚了 7 元，中国有 13 亿人口，一年免费送 1000 万件可不可以送出去？答案是，当然可以。最后，他们送睡衣一年就赚了 7000 万元。

这家公司做了什么？快递谁送的？快递员。广告谁做的？网站。钱谁赚了？这家公司。

好，接下来，我们算一下其他人的利润，你觉得卖出来 8 元的睡衣，这个生产睡衣的工厂一件能赚多少钱？每件只能赚 1 元，但是一下接了个 1000 万件的单。厂家要不要做？快递公司收 5 元，请问快递公司能赚多少钱？也是 1 元。网站打广告本身是没有成本的，所以，网站的纯利润是 3 元。

这三个干活的加在一起，一件才赚了 5 元钱，但是，什么都没干的他们赚了多少钱？7000 万元。

图 3-6　了解客户需求，产品才有卖点

各位，这家公司有多少人呢？这家公司从总裁、设计总监、销售总监到会计，全公司加在一起四个人。四个人分这 7000 万元是不是怎么都有得赚，最关键的是他们什么都没做。

　　如果商业模式创新能用这种免费的思维去经营，就能在不付出任何成本的情况下网罗用户。梦露内衣如此，360 也是如此。如果你还在想着如何收费，收多少费的时候，别人早已开始免费了。羊毛能出在猪身上，也能出在牛身上，更能出在驴身上，关键是看你有没有这样的思维，敢不敢跨界。

跨界融合更有机缘

　　移动互联网大潮正以前所未有之势席卷传统行业，在融合与碰撞之间，行业重塑正在进行……

　　综观全局，互联网企业不断渗入传统产业，而传统产业则纷纷拥抱互联网企业，行业边界日益模糊，"互联网＋"和传统产业正在深度跨界融合。

　　对于传统产业来说，融合是为了更好地迎合市场，实现新经济形势下从传统产业到新型产业的转型。而互联网企业的本质是将互联网的创新成果深度融合于经济社会各领域。互联网必然要以生产有形产品的实体企业为依托。在这个意义上，不论是互联网企业，还是传统生产企业，都需要放弃偏见，充分利用互联网这个工具，不断创新思维，使有形的技术和商品与无形的互联网不断融合，改善生活，提高效率，在经济转型进程中发挥更大作用，释放出"1＋1＞2"的能量。

　　日本快时尚服装品牌优衣库，继优衣库闹钟之后，又推出了优衣库食谱。这听起来似乎与优衣库的老本行毫无关系，在官方的定义里，它是"美食、衣着、音乐的完美融合"。

　　优衣库邀请了六位新晋厨师，同时也是时尚达人。他们穿着优衣库的服装，各自贡献了四道独家食谱。所有的食谱用的都是家常的食材，也是很平常的烹饪手法。优衣库认为，衣食之间有着天然的联系，"这些佳肴的灵感正是来自着装搭配"。

　　整个美食 APP 界面很简单，左侧为厨师的文字介绍与视频介绍，右侧是四道大图美食。点击进入美食页面后，左、中、右分别是厨师、美食简介与烹饪步骤。进一步点击，会有烹饪的一步步引导以及烹饪视频截选。最后一页，介绍食谱与着装搭配的联系。简洁的设计，就把两件不相干的东西联系在了一起。

图 3-7　跨界是更好的合作

　　优衣库的这种跨界融合只是一个代表，很多企业已经在走这样的路线。例如万达既开发和售卖商业地产又做文化产业。跨界融合带来的不仅是延伸，更多的是颠覆。

不是延伸，而是颠覆

　　互联网时代的主要工具是 PC，但移动互联网时代的主要工具是手机，移动互联才是一个真正的趋势。一个企业看似牢不可破，其实都有大的危机，稍微把握不住这个趋势，就是非常危险的，之前积累的东西就可能灰飞烟灭了，一旦过了那个坎儿就势不可挡了。

有人说移动互联网就是加了"移动"两个字，互联网十几年了，它应该是个延伸。事实上，远远不止一个延伸，甚至是一个颠覆。这样看来，过去的 PC 互联网已经不太算互联网了，移动互联网才是真正的互联网，甚至以后每个设备都能连上网络之后，人和设备之间、设备和设备之间的通信全部连接在一起。以我们过去的统计来看，大概每个人平均连入互联网是 2.8 小时/天。现在怎么用移动互联网呢？除了睡觉 8 个小时，16 个小时是清醒的，跟它在一块，不太容易丢开它，未必是每分每秒在看，但是有消息到达，就会使用，这样的话就是 16 个小时，再加上设备本身，比 PC 多出十倍以上的使用时间。这就是一个无比巨大的空间。

模式创新要时刻有一种被颠覆的危机感，也时刻保持一种颠覆别人的超前意识，只有这样，才能在商业的洪流中站得住脚。有了互联网之后，游戏规则变了，用户的体验会变得越来越重要。只有把一个东西做到极致，超出预期，才叫体验。

若想获得商业利益，先要考虑如何建立和创造用户价值，这是互联网的游戏规则。你在别人收费的地方免费了，你就要想办法创造出新的价值链来收费。很多颠覆式创新刚出来的时候都是微创新，恐怕连你自己都没有意识到你干的这件事是在颠覆一个产业。在互联网里最后生存下来的不是最大的，也不是最凶猛的，而是最能变化、最能适应的。

大数据的时代洪流

在传统的世界，因为时空限制，信息是严重不对称的，我们以往所有的商业模式都是基于信息不对称而建立的，很多商业模式都是因为赚取信息不对称的钱而存活。当地球上的人、事、物都因为产生大量数据而构建起"关

系"，让人类顷刻间获得了无限的信息对称，一切基于信息不对称而建立的
商业模式势必变革，这也是不得不面临的变革。未来，主流的商业模式将是
以大数据为基础的产业互联网。主流的创新模式将是在物理世界、网络世界
和数据世界中自由穿行的创新，未来会有一种主流的商品，那就是数据应用
商品。

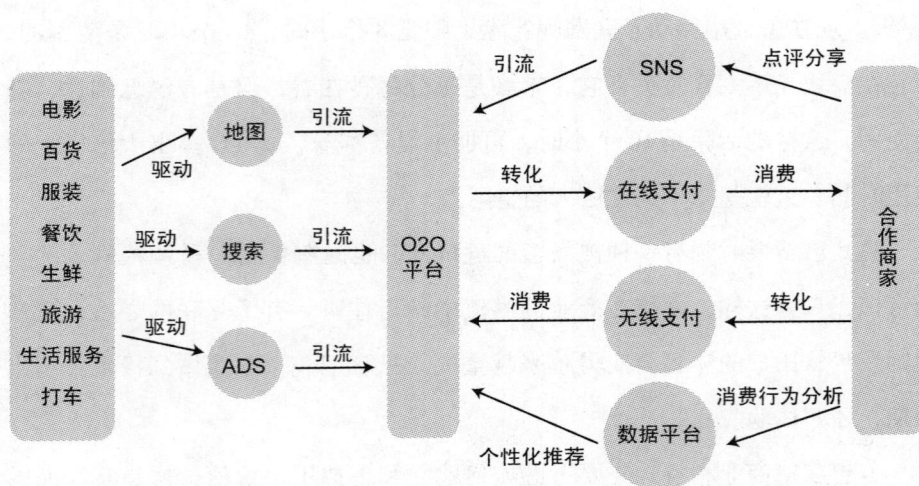

图 3 - 8 大数据时代

例如，用滴滴打车，你打一辆车滴滴打车会付五元、七元给那个出租车
公司。它是中国红十字会吗？不是。它在干一件事。它在培养我们用手机来
支付的习惯。当你形成了用手机支付的习惯以后，然后它在后台就可以知道
你一年打了多少次车，你去了哪些城市，你买了哪些机票，你在网上买了哪
些商品，你一年的消费是多少。然后你所有的消费行为在云端就会变成一个
大数据。用马云的话来讲，未来所有的生意都是大数据的生意。阿里巴巴推
出了一个产品，这个产品刚推出的时候，全中国的银行都后背发凉。他说你

只要在阿里巴巴 B2B 平台做外贸，你做一美元的外贸，我给你贷款一元人民币，不需要任何抵押，最高金额 1000 万元。这个服务推出以后，全中国的银行几乎傻掉了。哪家银行敢无抵押贷款 1000 万元？阿里巴巴敢。它为什么敢做这个生意呢？因为阿里巴巴的 P2P 平台是 1999 年创办的，在过去的 15 年，你所有关于外贸的数据全部在这个平台上。所以未来银行金融机构对一个人和一个企业的信用审核，不再依据你有多少房子、有多少机器、有多少土地了，而是根据你的消费信用和你的经营信用这些数据。这就是大数据的魅力所在。

你有没有死忠粉?

粉丝经济是互联网思维的产物，是企业开放拥抱外部资源的表现。一个关于"咱们粉丝有力量"的段子在网上广为流传，或许是对"得粉丝者得天下"这句话最好的背书：粉丝超过 100 个，你就是本内刊；超过 1000 个，你就是个布告栏；超过 10000 个，你就是本杂志；超过 10 万个，你就是份都市报；超过 100 万个，你就是份全国性报纸；超过 1000 万个，你就是知名电视台了。而据媒体报道，称国内超过 10 万粉丝的微博，其发布信息的价码 300 元/条起，有 600 万粉丝的微博其发布信息价码超过 2 万元/条。由此可见，当粉丝数量积累到一定程度时，量变就能转化为质变，围绕粉丝互动甚至可以搭建一套闭环营销系统，从而体现出强大的"粉丝工厂"优势效应。

有人这样描述商界的未来：未来将是一个去中心化的时代！"动码无界营销"在设计上正是抓住了"在粉丝经济时代，谁拥有更多的粉丝数量，谁就占据更大的市场份额；谁的粉丝越忠诚，谁的产品存活时间就越长，品牌就越有发展动力"这一显著特征，汲取传统营销的优势，创新商业模式，着眼于人力资源开发利用，突出在移动互联大数据时代背景下，基于移动终端的微博、微信用户等自媒体喜欢刷存在感和炫的本能，从而有效地帮助商家把消费者转变为销售者，以倍增的速度创造企业和产品的忠实拥趸，大量生产粉丝，释出"粉丝工厂"强大的价值优势，为企业和产品赢得最大的市场（见图3-9）。

对小米这样的企业来讲，它的粉丝其实不是被产品吸引，而是被企业提供的生活方式吸引。以米粉为例，他们会购买整套的小米产品，从手机、电视到产品周边，未来甚至到各种家电、家居产品，米粉未来可能会发展成"米族"，他们给自己及自己的生活贴上小米的标签，成为这个品牌的忠实拥护者和自觉宣传者。

图3-9　粉丝经济

互联网时代是买方市场，消费者对产品的精神需求超过了物质需求，打质优价廉牌已经得不到消费者的响应，那么企业除了让消费者对其产品认同之外，还要为用户设计生活方式，让因同一品牌而聚集起来的用户有认同感和归属感，从而组成一个庞大的用户社区，这些用户既是消费者也是设计者和生产者。从这个角度来看，有的企业虽然产品销量很大，但没有积累下用户资源，用户只有持续与企业交互才能成为企业的核心资产。

所以，累积用户也属于模式创新的重中之重。现在的粉丝经济，有了粉丝才有后续的买卖。否则，产品再好，也只是单边的，只有进行双边互动，才能让粉丝忠诚。

圈子决定人脉，人脉决定钱脉

谈到圈子，首推移动互联网的微信运营。在"微信"的世界里，这个现象越来越明显！未来的消费模式将由大众消费（大众经济）转向小众消费（小众经济）。以前企业行销的目标是做到家喻户晓（多数人知道），现在则是在一个特定族群里把产品和服务做透打穿（少数人爽到）。一个忠诚的粉丝群体（粉丝经济），圈内圈外有明显界限，所以叫圈层经济。

比如小鲜肉组合 TFBoys 开一场万人演唱会，粉丝们在网上最快 15 秒最慢 20 秒就把票抢空了，而大多数人根本不知道他们是谁。因为超级忠诚的粉丝早已通过组织化的方式，在贴吧、部落格、朋友圈里把票分光了。这种双赢局面形成了牢固的圈层，圈内圈外也形成了明显界限。现在企业要做到家喻户晓越来越困难了，大众媒体已经被瓜分成小众媒体跟个人媒体了。

在微观领域，中国的商业环境正在经历一次"大分流"，即"互联网（社交网络）解构传统商业体系"的过程，也是从以企业为中心的"规模经济"（又称"大众经济"）向以个人为中心的"范围经济"（又称"圈层经

济"或"粉丝经济")分流。你的圈子怎么圈，人脉有多少，决定你的钱脉
有多广。

图 3-10 人脉集聚

只有第一，没有第二

极致思维，就是把产品和服务做到极致，把用户体验做到极致，超越用
户预期。互联网时代的竞争，只有第一，没有第二，只有做到极致，才能够
真正赢得消费者，赢得人心。什么叫极致？

在一次记者招待会上，一位外国记者问彼得·冯·西门子："为什么一
个8000万人口的德国，竟然会有2300多个世界名牌呢？"

这位西门子公司的总裁是这样回答他的："这靠的是我们德国人的工作
态度，是对每个生产技术细节的重视，我们德国的企业员工承担着生产一流

产品的义务，有提供良好售后服务的义务。"

当时那位记者反问他："企业的最终目标不就是利润的最大化吗？管什么义务呢？"

西门子总裁回答道："不，那是英美的经济学，我们德国人有自己的经济学。我们德国人的经济学就追求两点：一、生产过程的和谐与安全；二、高科技产品的实用性。这才是企业生产的灵魂，而不是什么利润的最大化。"

在德国，没有哪家企业是一夜暴富，迅速成为全球焦点的。他们往往是专注于某个领域、某项产品的"小公司"、"慢公司"，但极少有"差公司"，绝没有"假公司"。

"德国制造"的优势并不在价格上，连德国人自己都承认"德国货就是物美价不廉"。你可以跟日本人谈价格，但跟德国人谈价格，一美元都砍不下来。"德国制造"的优势在于质量，在于它解决问题的专有技术，它优秀的售后服务。德国企业发展的一般产品都是具有世界领先水平、高难度且别国一时无法制造出来的产品。

德国30%以上的出口商品，在国际市场上都是没有竞争对手的独家产品。德国人生产的工业制造品，大到挖地铁的掘进机，小到文秘工作用到的订书机，质量都是世界第一。

德国思维就是一种极致思维，把企业文化做到极致，把产品质量、售后服务等都做到只有第一没有第二，才成就了德国产品的精良与可靠。

物联网时代，你OUT了吗

物联网（Internet of Things）是一个基于互联网、传统电信网等的信息承载体，让所有能够被独立寻址的普通物理对象实现互联互通的网络。它具有普通对象设备化、自制终端互联化和普适服务智能化三个重要特征。一句话，理解物联网就是，把所有物品通过信息传感设备与互联网连接起来，进行信息交换，即物物相息，以实现智能化识别和管理。

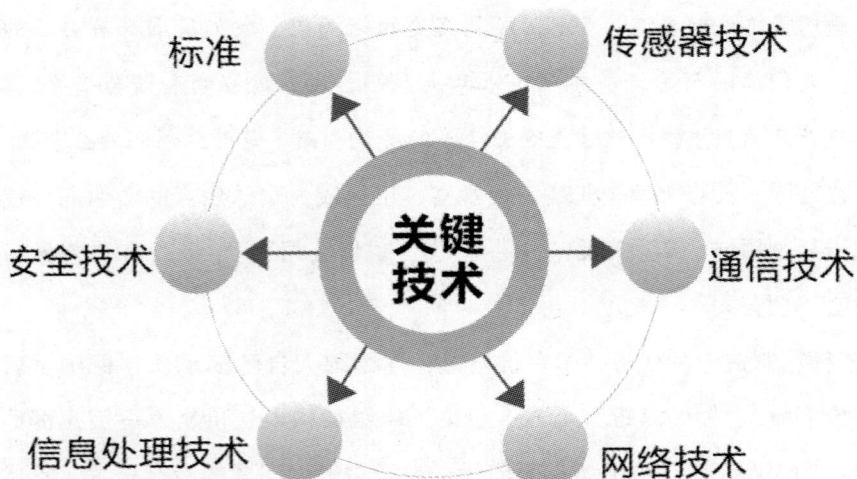

图 3-11　物联网

以物易物：颠覆性创新商业模式时代已经来临，这种商业模式的核心是价值交换，通过以物易物的商业模式可以实现 0 成本采购，0 投入营销，0 资金扩市。在面对竞争的时候，以物易物这种商业模式可以成为企业非常有力的武器，而且最有意思的是，运用以物易物的商业模式会让你和你的客户在一种"互动游戏"式的过程中完成整个商业过程，最终达到创造价值、传递价值、获取价值。

说到这里，我们先来了解一下什么是以物易物，以物易物有哪些好处？

以物易物就是指用自己已有的物品/服务与别人交换，以换取别人的物品/服务，是一种在现有贸易模式出现之前就有的交易方式。

以物易物的商业模式有以下四种：

（1）易物清库：用库存换需要的产品，清理库存，盘活资产。

（2）易物采购：用自己的产品换需要用现金购买的产品，节省现金。

（3）易物营销：在产品换出去的同时，更多潜在客户接触了商品，从而快速拓展市场。

（4）整合资源、人脉：通过以物易物整合资源，完善产业链，通过易物平台拓宽人脉，建立合作关系。

易物本身就是一个变现的过程：不管是换自己所需要的东西，还是换容易销售的东西或能增值保值的东西，其最终都体现在现有产品的变现，只是少了一个"钱"这个渠道。企业通过以物易物的模式将产品交换回来，省下了资金周转这个环节。从"别针换别墅"、"房子换轿车"到李克强总理的"高铁换泰国大米"，这样的例子数不胜数。

商业模式创新的根源在于客户需求，而以物易物这种商业模式的核心在于价值交换。传统企业在运营过程中积累了一大批客户，这些客户的需求各异，价值认可方式不同，我们只要用心找到企业自身与客户彼此需求的价值点，创造出自身与客户实现价值的渠道，再运用以物易物模式去实现价值交换，最终对等获取价值。

以物易物商业模式可准确传递客户认可的价值，这种商业模式与传统的商业逻辑有很大的不同，需要认真系统地学习，在不断学习中形成易物思维，从而建立易物商业模式。

商道纵横智慧：如何创建一个成功的商业模式？

找到企业的创新路径了吗？

会选择客户吗？

利润流是否持续不断？

人们寻找企业盈利路径的时候，就是在探索商业模式的实质。

盈利模式＝商业模式？NO！一个企业的盈利模式往往是指眼前的比较近期或短期内如何挣钱，产生现金流，商业模式则关注如何长期挣钱。例如，人们发现某地出现了一家餐馆生意很好，于是也到那里开餐馆，往往每日也有进账。这是盈利模式，但是你不能靠模仿他人来长期挣钱。

经营模式＝商业模式？NO！经营模式是指一个企业的业务，例如餐馆就是进料、做饭、卖饭。谁经营餐馆都要做这些事务，但是人家的餐馆生意很火，你的却很冷清，为何差别这么大？这说明经营模式是表面的东西，而商业模式是深层的逻辑，深层的逻辑给你核心竞争力。

企业战略＝商业模式？NO！企业家都上过 EMBA 总裁班的企业战略课，这些课程讲的是比较宽泛、高端的"大海航行方向路线"之类，它不特别强调现金流一类问题，而商业模式必须涉及现金流问题。空泛的战略不能让企业活下来。

总而言之，商业模式要解决企业长期深层次的挣钱逻辑，它使企业具备了核心竞争力。

　　综合这一章节谈到的观点，笔者认为，一个成功的商业模式就是要有客户定位，要知道为哪些客户服务，不为哪些客户服务。你不要说，我的产品和服务针对全天下客户，错了。大众路线早就在人满为患却又死伤无数的情况下改了方向，人人都在往小众方向努力。只有找到属于你的真正客户才是王道。有了自己独特的用户群，利润流是否能持续不断就是另一个问题，而这个层面不仅是本书中理论知识表明的"道"的层面，更多的是关于"术"和手段。鉴于篇幅有限，笔者不赘述，如果有需要，想更多了解这方面的知识和方法，可以通过其他途径获得。

第四章　互联网时代的商业模式：不光是"互联网＋"，还有"互联网×"

顺势者昌，逆势者亡。你不革命，就等着别人革你的命。对环境做出快速反应的物种，才是生存能力最强的物种。

在什么样的时代就有什么样的企业。现在时代变化得越来越快，企业的淘汰率越来越高，这是由企业的属性决定的。时代变成什么样，企业就要跟着变成什么样。企业是在实践中随着时代的变化而成长，但是时代在不断变化，这就考验企业能不能永远跟上时代的变化。互联网光靠＋已经快跟不上时代的脚步，只有整合多方资源，达到"互联网×"才有更大的生存和发展空间。

一、互联网时代的商业模式要素

商业模式可能是目前讨论得最多、理解得最少的一个内容。有关网络是如何改变传统商业模式的讨论很多，但是对它的含义却很少能有清晰的表达。

从最基本的方面讲，商业模式是运行公司的方法。通过该模式的运作，一个公司能维持自己的生存，也就是说，能有收益。商业模式意味着一个公司如何通过在价值链中定位自己，从而获得收益的。

商业模式包括哪些要素呢？克莱顿·克里斯滕森的理解包括四个要素：客户价值主张、盈利模式、关键资源和关键流程。通俗一点就是以下四点：

第一，你能给客户带来什么价值？

第二，给客户带来价值之后你怎么赚钱？

第三，你有什么资源和能力同时带来客户价值和公司盈利？

第四，你如何同时带来客户价值和公司盈利？

《商业模式新生代》的作者亚历山大·奥斯特瓦德和伊夫·皮尼厄则把商业模式分成九个要素：价值主张、客户细分、客户关系、关键业务、核心资源、关键合作、分销渠道、成本结构和收入来源。

分析这九个要素，就会发现价值主张和客户细分关系到客户价值主张，成本结构和收入来源关系到盈利模式，其他五个要素则可以分别归结为关键资源和关键流程。客户价值主张是商业模式的核心要素，也是其他几个要素的预设前提。这也符合最基本的商业逻辑：你想赚钱？好！请问你能给别人带来什么价值？如果不能给别人带来价值就想赚钱，无疑是白日做梦。

首先，我们所说的"客户价值主张"，是指客户能够得到的一切，既包括有形的，也包括无形的。这个定义可以用一个等式来表示：客户价值 = （产品性能 + 提供的服务 + 形象）/支付的价格。

例如，麦当劳（McDonald's）和汉堡王（Burger King）擅长为价格敏感型顾客开发产品，而肯德基（KFC）和必胜客（Pizza Hut）往往能为顾客提供大快朵颐的体验。任何希望实现内生式增长的快餐公司，都必须在自己已经引领的细分市场上制定更完善的价值主张从而扩大市场份额，或者在自己目前尚未引领的细分市场上制定新的价值主张。

其次，光有客户价值主张还不够，你还得有好的盈利模式。这是很多互联网公司容易走入的一个误区，他们很喜欢讲这样的故事：只要我们的用户达到1000万人，其中有10%的人付费，那么我们就能赚很多很多钱！在大多数时候，这只能是一个故事，有盈利可能和有实际的盈利模式是两回事，因为盈利需要合理的收入模式和成本结构，这是很多公司不具备的。

例如，很多互联网媒体公司的主要收入来源是广告。但熟悉互联网的人都知道，互联网广告是一个"赢家通吃"的市场，1%的公司占据了90%的市场份额。如果你没有进入某一个细分市场的前三位，你所能得到的广告收入基本上微不足道。加上大多数互联网公司都很烧钱，成本结构非常不合理，由此导致这些公司的盈利模式基本上一塌糊涂。

最后，如果说客户价值主张和战略相关，盈利模式和销售与运营相关（见图4-1），那么关键资源和关键流程考验的则是一个企业的执行能力。谷歌的"关键资源"就是那些天才的工程师，"关键流程"则是苹果公司鼓励创新的公司制度、企业文化和日常管理工作，这些流程确保谷歌的创新具有可复制性和扩展性，从而不断开发出一个又一个颠覆性创新的产品。

商业模式要素涉及公司的方方面面，包括战略、运营、人力资源、创新、财务等，因此，创新商业模式是一个系统工程，其难度也要比单一功能的创新难得多。在设计或者创新商业模式时，应该以"客户价值主张"的创新为核心要素，以关键资源和关键流程为依托要素，以盈利模式为财务安全的基准要素，寻求各个方面的协调发展，这样才能获得长期的成功。

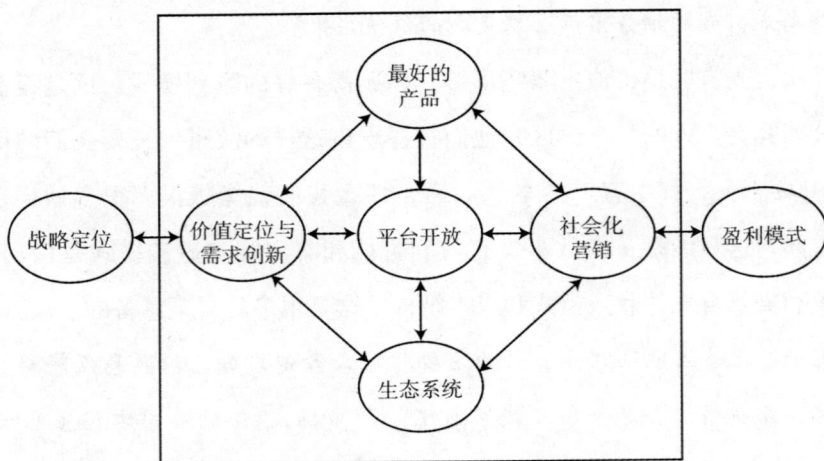

图 4 – 1　企业平台运营系统

二、互联网时代商业模式的特点

　　成功的商业模式不一定是技术上的创新，也可能是对企业经营某一环节的改造，或是对原有经营模式的变革和创新，甚至是对整个游戏规则的颠覆。综观成功的移动互联网公司的商业模式创新实践，大多数成功的商业模式具有以下四个特征：

　　第一，难以被模仿。

　　尽管台风来时，猪也可以飞，但如果你的模式很容易被复制，那么这种商业模式也很难成功。如果大家开网店都很成功，那当大家都开店时，这个行当将亏得血本无归。成功的商业模式除了在时机上抢先外，更加重要的是其整体价值链中有不可模仿的核心能力。例如，Intel、华为反而不用担心所谓的互联网思维的冲击，因为他们掌握价值链上的核心技术。至于怎么卖、怎么宣传，这些策略是很容易复制的。近两年为什么大量企业进军互联网营销却不成功，例如珠宝、服装、化妆品等行业。因为他们把商业模式的转型看成一个轻松赚钱的投机行为。其实任何商业模式转型往往需要更多的智力和更高的管理水平，同时要冒更大的风险。互联网商业模式的规模化、品牌认知集中化、产品组合综合化等特征更加明显。认知不清楚的小企业往往风险更大。

移动互联网企业要在激烈的市场竞争中站稳脚跟，就必须建立独特的商业模式。独特的商业模式主要体现在竞争对手难以模仿。商业模式无论多完美，若竞争对手能轻易模仿，最终可能导致恶性竞争。成功的商业模式不是照搬现有成功企业的商业模式，而要始终坚持创新的观念。商业模式创新要从客户需求出发，要能为客户提供独特的价值；要从增强企业核心竞争力出发，整合外部资源，提高平台竞争力。商业模式创新应与企业核心竞争力有机地结合起来，从而创建竞争对手难以模仿的商业模式。独特的商业模式还可以从品牌、渠道等方面着手，以品牌经营和构建差异化的渠道模式来切入市场。

第二，要能提供独特价值。

有时，"独特价值"可能是新的思想或新的模式，而更多时候，它往往能为客户提供更好的体验、更方便的服务、更低廉的价格，超越客户的期望，让客户心情愉悦。

当你的收入来源区别于传统企业，并具备价值优势时，才有可能成功。例如汽车4S店，传统靠卖车赚钱，现在可能转向售后市场；传统银行靠存贷差赚钱，但将来可能靠中间业务赚钱；传统房产中介靠佣金赚钱，但将来可能靠会员费赚钱等。当你的收入方式转变，把原来赖以生存的收入降低，甚至免费，而你自己又有新的收入来源时，这种商业模式就可能成功。

第三，简单的自我模式。

现在，很多人都认为成功的商业模式太难设计了，因此，往往在设计阶段考虑得很复杂。国内外的成功企业，其商业模式十分简单，往往一句话就能概括。例如，奇虎360的商业模式就是"对安全产品实行永久免费，以及通过打造开放平台实行增值业务收费"；阿里巴巴的商业模式就是"打造电子商务生态系统"；如家酒店的成功在于"低价格＋良好的服务"；西南航空的成功在于拥有低成本的市场空间和对价格敏感的细分市场等。移动互联网企业在设计新产品商业模式时，要寻找突破口，善于总结和提炼，要能用一句话概括。

第四，用户至上。

传统企业强调"客户（顾客）是上帝"这种二维经济关系，即商家只为付费的人提供服务。然而，在互联网经济中，只要用你的产品或享受你的服务，那就是上帝。因此，互联网经济崇尚的信条是"用户是上帝"。在互联网上，很多东西不仅不要钱，还质量特别好，甚至倒贴钱欢迎人们用。很多传统企业都看不懂这种游戏规则，认为这倒贴钱的行为简直就是疯子。但互联网经济就是这样，因为如果不能汇聚海量用户，那就很难建立有效的商业模式。

商业模式的竞争是企业更高层次的竞争，从总体来看，商业模式创新不能墨守成规，不能采取跟随战略，要寻找独特的发展模式，要从潜在客户的需求入手，要有超前的眼光和敏锐的判断力，看到别人看不到的东西，提出别人没有提出的问题，从而探寻到适合企业发展且有别于竞争对手的独特商业模式。

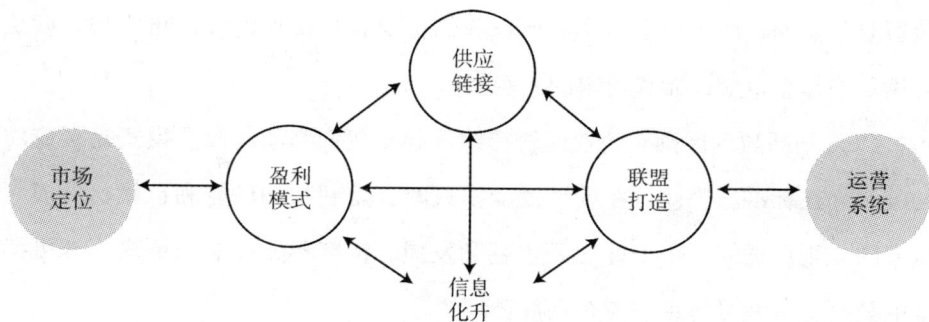

图 4－2　新商业模式思维导图

注：信息化升指信息的转化和提升。

三、商业模式的核心原则

商业模式的核心原则是指商业模式的内涵、特性，是对商业模式定义的延展和丰富，是成功商业模式必须具备的属性。企业能否持续盈利是我们判断其商业模式是否成功的唯一外在标准。持续盈利是对一个企业是否具有可持续发展能力最有效的考量标准，盈利模式越隐蔽，越有出人意料的好效果。

（1）客户价值最大化原则。客户在任何时代、任何商业模式下，都是上帝。所以，企业在进行创新的同时要把客户的价值最大化，这样才是一个健康的模式。你不给客户产生价值，或者说客户并没有在你的模式下得到价值体会，那么盈利又从何谈起呢？

一个商业模式能否持续盈利，是与该模式能否使客户价值最大化有必然关系的。一个不能满足客户价值的商业模式，即使盈利也一定是暂时的、偶然的，是不具有持续性的。反之，一个能使客户价值最大化的商业模式，即使暂时不盈利，终究也会盈利。所以我们把对客户价值的实现再实现、满足再满足当作企业应该始终追求的主观目标。

（2）不断盈利原则。企业能否持续盈利是我们判断其商业模式是否成功的唯一外在标准。因此，在设计商业模式时，盈利和如何盈利也就自然成为重要的原则。任何一个企业想要生存和发展，都离不开盈利，更离不开可持续的盈利。只有可持续的才是良性循环的。

（3）整合原则。整合就是要优化资源配置，就是要有进有退、有取有舍，就是要获得整体最优。

在战略思维的层面上，资源整合是系统论的思维方式，是通过组织协调，把企业内部彼此相关但却分离的职能，把企业外部既参与共同的使命又拥有独立经济利益的合作伙伴整合成一个为客户服务的统一体，取得 1 + 1 > 2 的效果。

在战术选择的层面上，资源整合是优化配置的决策，是根据企业的发展战略和市场需求对有关资源进行重新配置，以凸显企业的核心竞争力，并寻求资源配置与客户需求的最佳结合点，目的是通过制度安排和管理运作协调来增强企业的竞争优势，提高客户服务水平。

（4）有效融资原则。融资模式的打造对企业有着特殊意义，尤其是对中国广大的中小企业来说更是如此。在前面的章节，笔者已经分析过，广大中小企业融资难、贷款难已经成了常态。我们知道，企业生存需要资金，企业发展需要资金，企业快速成长更需要资金。资金已经成为所有企业发展中绕不开的障碍和很难突破的瓶颈。谁能解决资金问题，谁就赢得了企业发展的先机，也就掌握了市场的主动权。从一些成功的企业发展过程来看，无论其表面上对外阐述的成功理由是什么，都不能回避和掩盖资金对其成功的重要作用，许多企业就是因为没有建立有效的融资模式而失败了。很多本来经营很好的企业，因为中途资金链断裂造成融资问题而不得不倒闭。

所以说，商业模式的设计中很重要的一环就是要考虑融资模式，甚至可以说，能够融到资金并能用对地方的商业模式就已经成功一半了。

（5）高效率原则。高效率，是每个企业管理者都梦寐以求的境界，也是企业管理模式追求的最高目标。用经济学的眼光衡量，决定一个国家富裕或贫穷的砝码是效率，决定企业是否有盈利能力的也是效率。

按现代管理学理论来看，一个企业要想高效率地运行，先要解决的是企业的愿景、使命和核心价值观，这是企业生存、成长的动力，也是员工干好工作的基础。接着要有一套科学、实用的运营和管理系统，以解决系统协同、计划、组织和约束问题。还要有科学的奖励激励方案，解决的是如何让员工分享企业的成长果实的问题，也就是向心力的问题。只有把这三个主要问题解决好了，企业的管理才能实现高效率。现实生活中的万科、联想、华润、海尔等大公司，在管理模式的建立上都是可圈可点的，也是值得我们学习的。

四、创新才是商业模式的生命

人人都在喊创新，可见，创新对于一个企业商业模式的重建起到至关重要甚至是命脉的作用。

什么是创新性商业模式，创新性商业模式不是传统的产品营销模式，也不是传统的商业运行模式，而是在市场一体化条件下企业运行的机制，是企业组织方式、生产方式、管理方式以及营销方式的集成变革。一个创新的商业模式，要有鲜明的价值观，关键是产品或者服务到底能为顾客产生什么样的价值。

事实上，几乎今天所有的企业在谈到如何使企业持续发展时，都会说到"创新"二字。然而，虽然话说得容易，但究竟该如何实现创新，在现实中却存在很大差距。正如爱因斯坦所说，想象力比知识更重要，谁的想象力更丰富且能够把这种想象力变成现实，那他一定是一名成功者。

商业模式创新在企业的发展中已经起到了举足轻重的作用，是一个企业做强、做大、做优的必由之路。商业模式创新贯穿于企业资源开发、研发模式、生产方式、营销体系、流通体系等企业经营的全过程，特别是基于信息化的商业模式创新，有可能完全颠覆传统的商业模式、摧毁传统的商业企业，是一项庞大而又系统的创新工程。而如何进行商业模式创新，需要我们学习、思考、探讨、实践。

小米和苹果的饥饿营销就是一种创新。创新的另一层含义就是该商业模式不具有模仿性。因为，任何一种盈利的商业模式出现，其他人就会群起而效仿。那么，一旦被大规模效仿，这种创新的商业模式就会变得不新。在对模式的创新上，美国西南航空公司就是一个很好的例子。

30年来，西南航空最为媒体与企业界人士称颂的是，它从初期仅有3架飞机的地方性小公司，发展成为美国第五大航空公司，总资产达40亿美元，员工超过29000人。西南航空不仅击败了联合航空（United）与大陆航空（Continental）这两家短程航空市场中的劲敌，目前还进一步向Delta与USair挑战。更令人称奇的是，在这个竞争激烈，每位竞争对手都对对方的经营策略、营运成本了如指掌的市场中，西南航空却能将其成本维持在业界最低水准，并创下26年连续获利的纪录！而在追求低成本的同时，西南航空也没有降低服务的品质，无论从航班是否准点起降还是从托运行李遗失率以及旅客抱怨申诉情况评比结果来看，西南航空的服务品质均居领先地位。

公司要提高收益，不外乎增加收入与降低成本两种方法。基于这个观念，西南航空选择飞航的地点，大多是邻近大都会地区但尚未充分利用的机场，例如达拉斯的 Love Field、休斯敦的 Hobby、奥克兰的 San Jose 等。另外，西南航空采取低票价、多班次的方式来增加旅客的载运量。有别于其他航空公司——因为不同舱位票价不一，必须依赖电脑程式协助设计使公司航班收入最大化——的定价策略，西南航空只有两种票价，一种是不分头等舱和经济舱的一般票价，另一种则为高峰时段的票价，西南航空还试图让同一州内的票价能够统一。服务品质方面，西南航空主要提供短程飞航服务，为了简化作业，西南航空在飞行中不提供餐点服务，只供应饮料与花生；较长一点的旅程，则多提供饼干之类的点心。另外，西南航空不划位，采用先到先上制。登机前一小时开始报到，报到手续完成后，每位旅客会拿到一张可重复使用的塑胶登机证，上面只有 1～137（737 客机最大载容量）的序号，然后乘客以每30人为一组，号码较小的旅客先登机。

西南航空采取的商业模式并非复杂难懂，但一些后进者如 Vanguard、美西（AmericaWest）、Reno 及 KiwiAir 等，企图复制西南航空的经营策略，却都没有成功。

这就是西南航空的过人之处和商业模式的创新点。

商业模式创新究竟能给企业带来什么，商业模式创新是企业获取长期竞争优势的根本保证，企业的任何行为都必须是对自身商业模式的策略反应和优化。这也是企业进行商业模式创新的目标。企业创新无非是要让本企业在同行中有更大的竞争优势，让企业有更大的收益空间，通过模式创新纠正企业中不利于发展的因素，制定出正确的策略，使得本企业能取得较好的、长足稳定的发展。

那么商业模式想要成功，到底凭什么呢？当别人还没有商业概念的时候，你就要突出你的新概念；当你的商业概念与别人一样的时候，你就要比谁的客户价值更大；当客户价值也一样的时候，你就要比谁的核心能力更强；当核心能力差不多的时候，那就只能比实现形式了。此时，商业模式的实现形式就成为一个新模式能否成功的重要因素。企业如何应用新模式为本企业造福也是值得深思和探讨的。

图4-3　创新才能走得更远

五、成功商业模式案例解读

只卖旅游线路也很牛

　　途牛成功在其商业模式和精准定位。概括而言，独特的市场定位和电商模式，加上高增长的细分市场，给途牛带来了较大的发展空间。

开始途牛是给旅行社做平台，但遇到了问题：旺季人满为患以及旅行社不上班的时候，根本无法保证途牛的客户质量。因此，途牛申请了旅行社的牌照，客户直接跟途牛签合同，交钱给途牛，途牛对客户承担完全责任，负责找供应商，提升了客户体验。

这就和携程的机票酒店 OTA 平台不一样，一方面，机票和酒店是比较标准化的产品，而旅游产品标准化程度要低得多；另一方面，OTA 就是一个中介，航班、酒店出问题了，客户不会找 OTA。但旅游客户的问题都是途牛解决。尤其是出境游，涉及包括签证、机票、境外地接、酒店、餐厅、交通运输、景点等多种要素，环节较多，流程较长，出境游各目的地的政治环境、经济水平、文化背景和风俗习惯差异较大，游客出境后处于一个完全陌生的环境，面临的情况复杂，突发事件较多。这时候客户服务就显得极为重要。

因此，途牛建立了总部呼叫中心，在 15 个城市有区域服务中心，有超过400 个旅游顾问和 100 名客服代表，对目的地产品、签证等信息非常熟悉，提供专门的服务。途牛还有一个 VIP 服务团队和团队定制服务，打造满足不同客户群的优质体验。

途牛主营旅行社产品的零售业务，不采用佣金模式，采用加价模式，向批发商统一采购，完全或部分自行签约打包后在线上销售。相当于途牛是将旅行社搬到了线上，成为旅行社产品的电商，类似在线旅游行业的京东。

因此，我们看途牛的视角应该是从 OTA 的角度再加上电商，可比公司不仅有携程，也包括京东和唯品会，我们可以更好地理解途牛的商业模式和前景。

电商有很多优势：24 小时在线，无限货架、低成本、消除信息不对称、大数据以及服务等方面，在旅行社行业可以发挥得淋漓尽致。当然，在途牛的模式下，途牛的竞争对手并不是线下旅行社，而是途牛的供应商。而途牛利用 B2C 模式做好了用户服务和体验，优化效率。而在线休闲游市场，途牛的份额目前仅为 10% 左右，线下旅行社又极其分散，行业格局给途牛提供了很大的成长空间。

一家只有 42 个人的上市公司

如果不说出这个公司的名字，大家肯定会说，42 个人也不是太少呀。但是，如果跟上市公司联系起来，42 个人就显得少而精了。这也正是华录百纳影视公司让很多人眼前一亮甚至奉为经典案例的缘故。

该影视公司在黄金时段热播过很多耳熟能详的电视剧，例如《媳妇的美好时代》、《铁在烧》、《王贵与安娜》，甚至还有红极荧屏的《爸爸去哪儿》。为什么员工这么少的企业能做到上市呢？主要在于该企业的商业模式与众不同。

在行业内，制作完成的电视剧，通常有 1/5 无法实现销售。但华录百纳影视公司称，创办多年以来共拍摄几十部电视剧，全都取得发行许可证并实现销售，成功率达 100%。

而且华录百纳影视公司所拍摄的电视剧，大部分在电视台的黄金时段播出，收视率也挺高。例如，2010 年由北京卫视首播的《媳妇的美好时代》，在北京地区收视率达 10.9%，居该台当年电视剧收视率榜首。《王贵与安娜》于 2009 年由上海卫视首播，在当地的收视率达 8.2%，在当地排名第二。

高收视率可以为电视台创造更高的广告收入，相应地，也使华录百纳影视公司每部电视剧的平均售价高于同行。公司最近三年发行的 13 部电视剧，平均每集售价达 100 万元。

电视剧的销售采取"预售制"。公司在取得一部电视剧的发行许可证之前，就和电视台签订预售协议。而预售阶段的合同金额占首轮发行合同金额的比例，则反映出客户对制作机构的认可度。例如，华录百纳影视公司拍摄的《永不磨灭的番号》的预售比例达到了100%。电视台拥有渠道强势，通常是在拿到电视剧的母带或是播完之后付款。因此华录百纳影视公司的应收账款较多，这也成为该企业盈利的关键。

华录百纳影视公司的电视剧有两种，一种是自己独立投资拍摄，另一种是与别人联合拍摄。合拍的电视剧，华录百纳影视公司作为"执行制片方"，不仅在投资上占大头，还负责该剧的拍摄工作。

和其他影视公司一样，华录百纳影视公司也是"轻资产"运营。公司一共只有42名员工（华策影视公司有66人），主要负责行政财务、发行销售及电视剧的制作管理等。

公司的运营方式是这样：每拍摄一部电视剧，就成立一个临时工作团队，即"剧组"，而拍摄过程中所需的专用设施、设备、服装、场景等都是通过租赁获得。

专业和投资人是这样点评这家企业的：华录百纳影视公司在影视制作上的排名并不靠前。但近年来，影视内容版权因为乐视网等视频网站的巨资收购而大涨，华录百纳影视公司和众多影视制作公司均获益匪浅。从未来的市场竞争来看，一方面，影视剧制作成本不断上升，优秀题材、剧本、制片团队成为稀缺资源；另一方面，电视剧市场远远供大于求，电视台开始将收视率和播映权购买成本挂钩，增大了竞争的残酷性。从华录百纳影视公司的角度来看，一没有院线资源，二没有电视台依托，在拥有更加丰富资源的影视剧企业纷纷上市的冲击下，其传统影视企业的商业模式必须进一步变革。

华录百纳影视公司在诸多文化传媒类公司中确实有自己的特性：国有背景、民营体制，团队核心刘德宏直接持有（上市前）上市公司20%的股权，同时持有上市公司控股的华录文化产业 6.25% 的股权。招股说明书中对核心团队均有详细介绍，业内经验让人叹服。这些无疑是公司价值的核心支撑点。

所以，一个好的商业模式，能让企业在平顺中安全盈利，也能让企业巧妙渡过冲击。

神奇的金融街 8 号当铺

有一个可以典当万物的当铺，叫"金融街 8 号当铺"，其神奇之处在于是一种"金融仓储"的模式。在这个模式中，养在栏里的生猪，长在地里的麦苗、树苗，甚至仍处于生产流水线上的半成品，都可以用来抵押贷款。

当时创办这个模式的童天水认为："这个商业模式能从根本上解决中小企业'融资难'的问题，在未来，它将是一个庞大的产业。"

因为中小企业往往没有足够的不动产抵押给银行，只有大量的原材料、半成品、产品等动产。银行又只认房产、厂房等不动产，不认动产。不动产有权属登记，价值稳定，也跑不了，但是动产抵质押之后，银行基本无法管理。一是价格波动保值风险极大；二是还得找仓库，雇人看管，成本不低；三是没有法律保障，许多动产没有权属凭证，产权不清，银行更是不敢放贷，就算抵质押给了银行，司法追查下来，银行就得"吃不了兜着走"。

所以，尽管多年来，政府、银行都有意帮助中小企业融资，但是一遇到实际问题，银行也只能表示爱莫能助……所以，金融仓储模式的提出，就是为了缓解中小企业融资困难。

一些业内人士指出，金融仓储的出现，是推进中小企业融资的必然要求。在国外发达经济体中，贷款担保方式已多元化，应收账款与存货占信贷抵押品的 2/3，供应链融资已成中小企业融资最主要的形式。我国长期重视不动产抵押融资和信用互保融资，但随着国内经济的发展以及对经济转型升级和对中小企业融资的重视，供应链融资得以快速发展。而在供应链融资体系中，金融仓储的发展成为一个新的亮点。

正是这种金融仓储模式带来了长远的经济效益：

（1）我国企业动产的稳定性、库存量很大，约占金融机构贷款余额的20％以上，动产抵质押贷款需求市场十分庞大。业界认为，推动金融仓储产业发展，可以产生极强的经济和社会效应，有效推动中小企业融资。

（2）有利于银行降低信贷风险，推进银行业务创新。我国目前银行信贷担保方式以不动产和企业互保为主，不利于信贷风险的分散。特别是企业互保方式，不是风险的化解，只是风险的积累，在一定程度上会产生银行风险的传递与扩散。以金融仓储方式开展的动产抵押贷款，既有充足的动产作为担保，是自偿性信贷产品，又有专业化的金融仓储企业来监控动产物资和市场价格波动，还设置了补差机制，能保证抵质押品的"足量、足值"。

（3）有利于帮助企业开展合理的存货管理。当前，国内原材料、大宗物资的价格越来越跟国际接轨，价格波动越发频繁，企业特别是中小企业缺乏必要的资金，存货不足，市场风险很大，而"金融仓储"业务可以让企业以存货作担保获得贷款，降低市场风险。

打败沃尔玛的德国阿尔迪

在中国，大多数人提起沃尔玛肯定能说出这个超市的几个优点来，例如说该超市在管理中节约成本，然后折价让利给顾客，该超市全球连锁店多盈利可观。但是，如果告诉你，这么驰名全球的连锁企业被一个默默无名的超市打败，大家一定会唏嘘。那我们看看原因是什么？

在德国，要想价廉物美却不去阿尔迪，人家会以为你是外星人。德国首富不是奔驰、宝马的老板，也不是西门子或者阿迪达斯的老板，更不是德意志银行或者德国邮政的大股东，而是阿尔迪的老板。

现代零售业流行面积庞大、装修豪华、商品丰富的大卖场，动辄数万平方米，从食品到衣物，从药品到汽车轮胎，无所不包，目的在于增加顾客选择，提倡一站式购齐，赋予顾客便利性。沃尔玛就是这方面的典型。这一切难道是必需的吗？在商品和货架的海洋里，你有没有进入迷宫的眩晕感？在20 余种洗衣粉品牌和配方面前，你有没有绞尽脑汁地思索它们的区别？这一切在阿尔迪那里都不是问题，那它有什么秘诀呢？

阿尔迪每家店铺的营业面积多在 500 ~ 800 平方米，一般不超过 1500 平方米。店铺装修简朴，店堂内外没有广告招贴，看起来很不起眼。但在最受德国人尊敬的企业品牌中，阿尔迪仅次于西门子和宝马，排名第三。阿尔迪成功的秘诀是，在保证质量的前提下，商品价格要比普通超市低 30% ~ 50%。而在这一超低折扣的背后，是一种打破传统零售模式的独特理念，其核心只有两个字——简单。

其一，大幅删减商品种类。商场里只有 600 ~ 800 种简单商品，在一般的超市里，顾客会发现 16 个品牌的番茄酱，而阿尔迪只有一个品牌，手纸只有两个品牌，腌菜只有一个品牌，每种商品只提供一种选择，即同类商品中最好卖的品牌。这种简化显著减少了商品采购、存储、销售及管理的难度，进而降低了企业运营和管理费用。除少量日用品、食品设有货架、冷柜外，其他商品均以原包装在店内就地销售，店员打开纸箱包装，由顾客自取。为了减少营业员因找零钱而浪费时间，阿尔迪将价格尾数调整为 0 或 5。商品都能够迅速带出店铺，包括罐头食品、纸袋包装食品、快餐食品、一些新鲜果蔬和冷冻食品等。由于货品供应种类有限，顾客量大，阿尔迪的商品周转很快，因而很新鲜，这对以经营食品等日用品为主的商店而言至关重要。

阿尔迪有时会组织一些其他种类的特供商品，如电器、纺织品等，前提是性价比超高，组织一批，销售一批，卖完为止，不持续供应。尤其是阿尔迪每年举办的电脑限量销售，惊人的低价和稳定的品质吸引很多顾客凌晨四五点就排起壮观的长龙，轰动效应超过多数广告的效果。简单的商品种类大大降低了阿尔迪的物流成本，并让阿尔迪与供货商在品质控制和价格谈判时处于绝对优势，供货商无法抗拒阿尔迪没有竞争品牌的销售渠道和巨大的规模效应。

其二，员工人数少、效率高。尽管阿尔迪生意繁忙，经常出现排队现象，但每个店铺一般只设两三个收银台，营业人员仅有 4～5 人，人均服务面积超过 100 平方米，充分挖掘了员工的潜能。包括店长在内的每人都身兼数职，没有固定岗位，是真正的"多面手"。业务繁忙时，集中银台结账，闲时轮流理货，清理废弃包装。收银台只使用普通的收款机，没有扫描仪和价签，店员不仅对数百种商品价格倒背如流，而且他们的心算和录入速度令人惊叹，整个结账过程非常快捷。

其三，能小则小，能省则省。阿尔迪还将经营面积尽可能地缩小，然后将节省下来的租金以便宜的价格返还给消费者。阿尔迪几乎不做广告，所有的门店，只有每周一页的宣传单放在超市入口，介绍下周新上柜的货品，由顾客随意自取浏览。从表面看来，阿尔迪是绝对的先进技术厌恶者，他们不搞促销、不进行市场预测、不分析顾客偏好、不使用现代化超市设备。与此相对，沃尔玛以信息系统先进闻名商界，不但拥有企业专用的通信卫星，而且率先倡导 RFID 等尖端科技。

正是这种量入为出的经营风格和节俭的内在修养，让阿尔迪打败了巨头沃尔玛，不得不说，这是一种经典商业模式的思考。轻资产运营，低成本运营，永远是考量一个企业生存和发展的关键手段。

商道纵横智慧：如何在互联网经济里创新？

给别人提供价值了吗？

能否有效驱动用户？

产品和成本控制做到极致了吗？

商业的本质是价值交换，要交换价值就得先创造价值，因此创业者一定要搞清楚两个问题：你的目标客户是谁？你能为他们提供什么价值？这个问题并不复杂，但还有很多创业公司没搞清楚。技术类创业的公司更容易走入一个认知误区：只要技术足够强，客户自然会乖乖地埋单。其实，市场需求和技术领先是两回事，很多看上去很炫的技术，几乎是没有市场的。大多数科研成果看上去都很炫，但能够转化为市场需求的不到10%！这也是大多数技术创新类公司失败的主要原因。这个方面的成功案例是脑白金。你可能很不喜欢脑白金的广告，其产品也确实没什么技术含量，但是它的客户价值主张定位非常成功。它的目标客户并不是产品消费者，而是那些想要用不多的钱买一份体面礼物的年轻人。它的价值主张也不是睡眠和健康，而是一种情感表达的载体。因此，很多人到超市给父母买礼物，第一反应就是"送礼要送脑白金"。

所以，脑白金就是给消费者提供了价值，或者说是传递了一种价值，而且还能有效驱动用户。那么，在互联网经济下，驱动用户是像"脑白金"一样，占据各大黄金频道插播小娃娃跳舞的广告吗？不是，笔者认为，在目前新的经济格局下，在用户驱动方面，广告已经不是主要手段，更多的是来自口碑驱动和产品驱动。你的产品好，就会赢得用户，有了用户的情感黏度，就会有口碑宣传。而这种口碑宣传的力量大部分建立在情感和信任的基础上，所以，较之高频率灌输广告来得更合理、更有效。

同时，要追求一种极致精神。把产品做到极致，把成本控制到极致，只有这样才能像阿尔迪那样傲立在众多品牌之中，才能长久经营，永远盈利。

在做产品的时候，一定要秉承专业化路线，聚焦的意思则是往小里做，做"小而美"的企业。要做别人不能做的事情，确定你的独特定位。只有为客户创造可以衡量、立竿见影的价值，才有可能给公司带来利润。无论你的公司处在创业阶段还是变革阶段，深刻理解并塑造公司的商业模式，都会使你在前进的路上目标更加清晰，而且能够持续创造价值，实现公司的基业常青。如果你是企业家，如果你想让企业利润倍增，你一定要看本书；如果你是刚起步的创业者，你更要看本书。

第五章 资本时代：企业资本化运作的理念与实务

做资金生意，只能救急；做资本生意，才是永生。

驱动经济发展的"两驾马车"分别是实业和资本。其中实业是载体，资本是动力。中国的中小企业占了企业总数的大多数，它们有的已经进入高速发展阶段，有的还在艰难度日，有的甚至还有生存危险，它们都缺很多东西，但如果问它们最缺什么，笔者估计八成以上的回答是——资本。

一、资本运营的思维理念

什么是资本运营的思维？

经济要转型升级，最缺的是什么？是资本。其中最主要的方面是中小企业普遍具有融资需求，但是很难从传统的融资体系获得资金。中国有多少家中小企业？1300多万家，上市公司有2490多家，不足万分之一，相当于有99.99%的企业没有获得资金的支持。而中小企业刚刚发展时最缺的就是资金，没有资金的支持，企业就获得不了很大的发展。

得资本，得天下！世界上著名的大企业无一不是通过资本运营发展起来的！资本犹如企业的血液，资金链一断，企业就面临崩盘。

小米手机其实是典型的靠"资本思维"成长起来的企业。①先找到合作方、投资方，告诉他们将用全新的方式做手机，然后大家一起来做，在开工之前就拿到了投资，并且组建了一个分工型、协作化的团队。②告诉消费者要做一个什么样的手机：配置是多少、价格是多少。找到了消费者，拿到了订单后，再去找工厂做代加工。③以手机为渠道，不断做深、往外延展。小米用的就是轻资产、精定位、做纵深、高增长的资本思维方式。你会发现，小米背后形成了一条生态链，价值巨大，却又不需要工厂和设备，仅用5年就成为了中国第四大互联网公司，价值450亿美金！这就是典型的"资本思维"，其背后杠杆作用的力量是巨大的！

反过来，如果小米手机按照传统的"市场思维"去运作，那么过程是这样的。①需要一笔启动资金，先用于手机市场的调研和产品研发，这个过程至少需要半年。②再准备一大笔费用去购买设备、建设厂房，接下来开工生产。③当产品生产出来之后再去找渠道商，还得砸钱做宣传，努力卖给消费者。这时如果资金不够了就去银行贷款，进行扩大生产。而传统企业之所以难以为继，症结就在这种运作思路上，最后资不抵债或者利润不够还银行的贷款利息！

资本一般青睐什么呢？

首先，是持续的现金流。阿里巴巴和京东相比，京东一年的销售收入是阿里巴巴的好几倍，但是阿里巴巴的市值却是京东的十几倍。它们的差距在什么地方？当然除了它们自身的盈利能力以及利润之外，非常核心的一个指标就是它们的流水。2015年双十一阿里巴巴流水达到了将近1000亿元，京东每年的销售额可能也就几千亿元。虽然阿里巴巴的收入很低，但是它的流水非常大。

就好像现在的滴滴打车，它的销售收入、业务收入虽然同样非常低，但是其平台上的整个流水非常大，现金流非常好。当然现金流也是支撑客户质量以及客户黏度非常关键的一个指标。所以虽然很多企业在亏损，但整个平台的流水非常大，现金流非常好。

关于流水和销售收入，就是企业的营业额，一般是现金流入的多少，而销售收入不仅指现金，还指一个企业可能获得的期权、股票等，如果只是现金这块，表面看似乎是一个意思。

关于流水和销售收入，实际上这两者有非常大的区别，对企业而言，特别是对创业型企业而言，实现销售收入非常难，但是做流水相对比较容易，流水的价值从某种程度上来讲也是企业价值非常核心的一个支撑。

其次，资本看重的是盈利能力而不是利润额。虽然盈利额、利润额只有两字之差，但是同样有很大的区别。利润额代表企业过去或者现在所获得的利润。而盈利能力代表企业可能获得的利润以及未来获得利润的空间可能。

例如，微信几乎没有什么利润额，因为它的工作都是做推广，但是并不代表它没有盈利能力。从 2015 年 12 月开始，微信开始推广广告，工作团队可能一年、几年都没有利润，但那一条广告所产生的收入可能就是几百万元甚至上千万元。但这个广告收入对企业的边际成本几乎为零。这就意味着微信有非常好的盈利能力和盈利空间。所以它潜在的盈利能力也是腾讯包括微信高估值的一个非常核心的支撑。几乎所有的互联网公司（包括京东）的利润额非常低，甚至连年亏损，但是并不代表其没有盈利能力。

明白了资本的思维理念，才能更有效地利用资本。这是一个资本经济时代：未来人人都有自己的资本，资本之间的配置产生驱动，无数个驱动力组成了社会前进的动力，这种力量在国家的宏观调控之下，必将打破市场经济模式，构建新的商业文明体系！

如果我们想在竞争当中保持不败，资本所起的作用将非常大。在与很多企业家沟通的过程中，笔者发现，传统行业的企业家说自己不需要钱，为什么要去融资？"我从来没有拿过别人的钱，我自己可以发展。"这是不少民营企业家的想法，这种想法有一定的道理，因为如果仅从今天生存的角度看，是不需要资本的扶持。但是企业家的竞争对手跟他想的不太一样，他们会用资本的杠杆跟你竞争。你的挑战不是来自自身，是来自你的竞争对手；也许不是来自中国的对手，而是来自世界其他地方的对手。

二、资本运行的形态特征

资本运行往简单说，就是一个投资和融资的过程。找钱就是融资，找项目就是投资。而其中的两个关键，也就是资本运行的两道门：一个前门，一个后门。

从狭义上讲，融资即一个企业筹集资金的行为与过程。也就是公司根据自身的生产经营状况、拥有资金的状况以及公司未来经营发展的需要，通过科学的预测和决策，采用一定的方式、从一定的渠道向公司的投资者和债权人筹集资金，组织资金的供应，以保证公司正常生产需要、经营管理活动需要的理财行为。公司筹集资金的动机应该遵循一定的原则，通过一定的渠道和一定的方式进行。我们通常讲，企业筹集资金无非有三大目的：企业要扩张、企业要还债以及混合动机（扩张与还债混合在一起的动机）。

在项目融资的情况下，"自有资金"与权益资本的概念是一样的，以项目融资方式筹建项目的时候，资金渠道可以有很多，但是资金性质无非两类：一类是项目不必偿还的资金，即权益资本；另一类是项目必须连本带息偿还的资金，即债务资金。

那投资就很好理解了，既可以用自己的钱去找好的项目，也可以用融来的钱共同找好的项目。

资本时代的重要特征有两个。

一个是获取资金的手段发生了变化。过去 10 年、20 年，企业主要靠银行贷款获取资金，在银行拿不到钱就靠高利贷、民间借贷。现在可以靠股权的方式解决问题，股权投资已经成为助力发展的一个很好的手段。

另一个是今天中国的资本市场已经发生了巨大的变化，而且在未来即将发生更大的变化，这些变化使得企业能够非常方便地进入资本市场，获得更多的融资。例如现在的新三板和未来的注册制，包括战略新兴板等，不管是什么板，最重要的是，未来上市这件事情将变得更加市场化。不像过去那样由很多市场以外的因素决定谁能够上市。谁上市谁就经历一个爆发的过程，谁就实现了一个财富兑现的过程。未来，只要企业做得够好，都可以通过资本市场获得更多的资本。所以资本驱动企业发展的时代真的到来了。

那么，在资本时代，我们要明白什么呢？我们要明白资本是运动的，资本运动是盈利的，且盈利的过程能持续、循环。

货币是商品生产和商品流通发展的结果，同时，它又是资本的最初表现形式。但这并不意味着货币就是资本，货币只有在一定条件下，经过一定的过程，才能转化为资本。

作为商品流通媒介的单纯的货币与作为资本的货币是有着质的区别的。这种区别先表现在商品流通形式和资本流通形式的差异上。商品流通的形式是：商品—货币—商品，在这里，商品生产者先卖出商品取得货币，然后再用货币购买商品，是为买而卖。作为资本的货币，它的流通形式是：货币—商品—货币。在这里，货币的所有者先用货币来购买商品，然后再将商品卖出，换回货币，是为卖而买。

比较这两种流通形式，它们的共同点在于，二者都是买和卖两个阶段的统一，每一阶段都有商品和货币的交换。这种共同点表明，商品和货币经济关系同资本主义经济关系之间存在着内在联系。商品货币关系的发展是资本关系形成的前提，而资本关系又以商品货币的运动作为实现形式。

这两种流通形式的区别则表现在以下三个方面：

首先，从流通的形式看，商品—货币—商品是先卖后买，流通过程以商品作为起点和终点，并以货币作为流通的媒介。而货币—商品—货币是先买后卖，流通过程以货币作为起点和终点，并以商品作为流通的媒介。

其次，从流通的内容看，在简单商品流通中，正是两端使用价值不同的商品才构成了流通的实际内容，运动的主体是商品的使用价值。而在资本的流通中，其实际内容则是货币的支出与收回，运动的主体是价值。

最后，从流通的目的和动机看，简单商品流通是为了获得自身所需要的使用价值。而资本流通的目的，是获得货币，是取得价值本身。

在货币—商品—货币中，如果作为起点的货币与作为终点的货币在数量上是相等的，流通对于货币所有者来说，就失去了意义。货币所有者把货币投入流通，是为了得到更多的货币，使货币自身能够增值。所以，资本流通和运动的目的，是能持续不断地换取更多的价值来进行资本转化。下文就集中讲讲资本是怎样持续增值的。

三、资本价值增值过程

所谓资本增值是指随着企业生产经营规模的不断扩大，将增值的一部分作为积累再投入到扩大再生产中去，如此周而复始，良性循环，积累不断增加，促进企业的进一步发展壮大。

图 5 - 1　资本增值途径

资本增值包括资本数量增值与资本质量增值。资本数量增值主要通过资本利润率来考察。利润的收现程度、收账比例和盈利的稳定性。利润的收现程度直接反映了来源于利润的资本增值部分的质量好坏；收账比例则可作为分析利润收现程度的主要指标之一；盈利的稳定性则是从历年利润水平波动情况反映资本增值部分的可靠性。在分析时应特别注意研究与开发费用（以下简称研发费用）的计提比例。研发费用的支出会减少利润，但却对公司未来年度资本数量与质量的增值有着至关重要的作用。以上几个指标有助于对资本增值部分的质量进行更准确的评价。商业地产证券化是资本增值成功的一个案例。

万达集团在中国商业地产领域居于领袖地位，截至2006年，旗下项目覆盖全国20多个城市，总建筑面积300多万平方米，2006年租金收入超过10亿元。万达集团商业地产操作的演变过程，同时也是商业模式不断完善与升华的过程。

万达地产首先启用订单模式，指先与商业地产的用户签订合同，然后按客户要求设计、建造。第一个好处是节约资金，大堂、电梯、卸货区的布置，按用户需要量身定制，绝无浪费；第二个好处是降低风险，根据事先签订的协议，项目竣工91天即开始收取租金。万达进而与合作伙伴建立长期合作关系——万达走到哪里，他们跟到哪里。目前万达已经和17家跨国企业（包括沃尔玛、时代华纳、百胜和麦当劳等世界500强）签订了战略合作协议。

其次采取只租不售的运营策略。万达从2004年起全面推行只租不售的运营策略，以长期的租金收入替代了一次性销售回款模式。"只租不售"在解决后期经营管理中的问题，并为开发商带来长期稳定现金流的同时，却由于大量资金无法在短期内回流，使开发商面临着更为致命的资金瓶颈。

在宏观调控大背景下，万达的资金链绷得很紧，为了防止资金链断裂，万达不得不开始寻找新的融资渠道。最终，万达选择了更为直接和快速的融资模式——以40%的股权置换80亿元的海外资金。万达就像当初大手笔的全国扩张一样，完成了"到2006年为止国内房地产界规模最大的一笔融资"。

最后成功实现商业地产的资本嫁接。万达的最终目标是将成熟商业地产打包成信托基金在海外上市。房地产信托投资基金（Real Estate Investment Trust，REIT），是指成熟商业地产的所有者（委托人）将资产交由（并完成资产所有权的转让）受托人经营管理，而委托人作为受益人享有租金的信托安排。一般情况下，此类基金需将盈余的90%～100%分配给基金单位持有人。与主营不动产、以房租为利润来源的"收租上市公司"相比，REITs在资产处置和利润分配方面的严格要求令投资人的风险大为减小，投资收益主要取决于宏观经济的冷暖。

REITs对房地产开发商的意义远非集资那么简单。我们见惯的开发模式是：圈地—立项—找钱—盖房—售楼—再圈地。这样的房地产公司不过是项目公司（或若干项目公司）的简单叠加，其资产基本以在建工程的形式存在，负债率高，现金压力大，稍有差池，项目就会烂尾，公司就此倒掉的例子不可胜数。想成为百年老店，开发商应持有部分自建商业地产作为长期投资。不仅使资产结构得到优化，还可通过收取租金得到比一次性卖断更多的收益（即以租金上涨的形式享受房地产的升值）。但持有商业地产必将造成巨额资金的沉淀，使资金周转效率大幅下降。以房地产信托基金为工具，开发商将所持商业证券化并在资本市场公开发售部分（例如70%）基金单位募集资金，同时保留部分收益（例如30%）以享受分红和物业升值之利。一般情况下，打包的商业地产仍由原开发商的关联公司运营管理。房地产商通过REITs回笼资金投入新项目的开发，项目成熟后又可以卖给自己的REITs。简言之，REITs是将商业地产证券化的工具，开发商的销售从在地产市场售卖商铺变为在资本市场发售信托凭证，它是开发商走向成熟的标志和必由之路。

后来，万达酝酿许久的REITs发行计划也有了突破性进展。澳大利亚麦格理银行旗下一家子公司和总部设在大连的房地产开发商万达，计划通过将基于内地房地产的房地产投资信托基金在中国香港上市的方式筹集至少1亿美元资金。据悉，该房地产投资信托基金名下约有六处地产。

万达的资产包括北京中央商务区的一个开发项目，该项目将拥有写字楼、住宅楼和高档酒店。花旗集团和麦格理银行将负责发售。

万达地产实现了成功的资本运作，跃身成为地产界龙头老大和行业翘楚。住宅地产和商业地产虽同为地产，但其生产、经营、管理、销售、技术、质量、投资、融资的模式都是不一样的。很多开发商做住宅地产成功，做商业地产则不然，而万达在商业地产领域走出了自己的成功模式，值得推荐和学习。万达一直在进行商业模式的探索——从分零出售到整体出售再到不出售，境界不断攀升。

只租不售的模式使商业地产开发资金的回收周期大大延长，形成巨大资金压力。在这样的情况下，万达选择了将成熟物业打包为信托投资基金（REITs），再将基金在海外资本市场公开发售筹集资金。商业地产的证券化，将会使万达的商业地产运作产生飞跃，能够拿到充裕的资金，然后可以大规模地并购，再把物业放到REITs中融资，这可能使它在业内遥遥领先。

四、三个对接战略

在经济发展的大时代，资源和资金在空间上的对接，需要一个"焊点"。资金和资本之间的流动更为频繁。怎么支撑这种流动？需要市场来支撑。也可能有很多新的需求，需要新的产品、工具、创新以及好的项目来实现。真正意义上实现资源对接，资金对接，项目对接。

　　笔者培训过的一些企业，大部分成为了合作伙伴，他们都得益于这种对接战略，从而实现了几个突破。有资金的找到了好项目，有项目的找到了资金，这种资本与项目资源的对接，不但取得了双赢的效果，还有共创的前景。从最初的彼此不熟悉，到成为商业合作伙伴，这种关系建立在互助共赢、诚信的基础上。而这种基础正是一个企业未来发展的方向。新经济时代，人人都可以是独立的媒体，但不能抛弃抱团取暖的决心。

　　我国是发展中国家，无论是法律还是社会信用评估制度或中介机构都不完善，尽管许多科技领域里的新发明、新技术取得了国家专利，就算是能孵化出"金凤凰"的"金蛋"，也由于缺乏一个比较权威的中介组织对其价值进行有效和实在的评估、保荐，令投资者无法真正了解其内在价值。加上社会上有资质的专业机构多，真正办实事的却不是很多，使得很多原本具有升值潜力的项目和资源夭折，令许多真正有价值的好项目湮没。要找到真正的"金蛋"，就必须经过一个严格的有效的筛选过程。通常风险投资公司要对一个项目做出肯定或否定，要对项目相关的数以百计的问题进行考察才能做出决定，这种工作一般是由项目经理负责。项目经理的能力再大，也不可能事事明了，行行精通，所以其效率也非常低，导致错失机会，找不到"金蛋"。这就不难理解为什么会出现"好项目没有人投资、风险投资公司找不到好项目"的怪现象了。

　　解决以上问题的途径之一，是成立一套权威的专业中介组织，包括高新技术企业标准认证机构、知识产权估值评价机构、投融资咨询机构、项目评估机构、保荐机构、行业自律培训等组织，而一个成熟的中介组织能同时对接这些机构，既能联系项目方，又能找到资金方，笔者的团队运作过几个项目，就是依托这样的机构，同时有会计师事务所、律师事务所、资产评估与

多资源共享

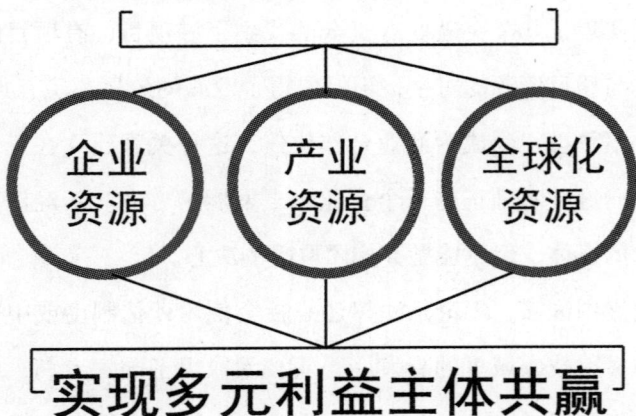

图 5-2 多资源共享，实现共赢

资信评估机构等的参与。既为资金方的资金安全保驾护航，又为项目找到可靠的融资渠道。

所以，资本的真正运作就是要实现资本、资源、项目的对接，只有对接才能产生循环，实现共赢。

五、轻资产运营战略案例分析

什么叫轻资产？很多老板办一个公司，先租一个 200 平方米的场地，花了 10 万元，交了一年的租金，请了五个人、十个人，又花了几万元的工资，明摆着开始就亏本。什么叫轻资产？不干没损失，一干有利润，这就叫轻资产。下面我们分析一些这方面的成功企业。

案例一：将"资产公司"与"运营公司"分离，全国复制的酷贝拉

传统零售业不景气，同质化严重等问题始终困扰着开发商，从而也加剧了商业物业对其他业态的追捧与力求差异化的项目概念。而亲子体验式业态以儿童为突破点，带动"1+2"乃至"1+6"的家庭停留消费模式，产生多元化、多层次的消费可能。酷贝拉是以青少年职业体验为核心的亲子全产业链品牌，专注于亲子文娱行业长达8年。自酷贝拉启动全国拓展以来，备受商业物业的关注，尤其是每个城市只选一个合作伙伴的扩展政策，确保了区域的唯一性，并将产品线拓展至卡通动漫、网络游戏、衍生商品、出版物等产业链。

在2010年7月13日与沈阳市沈北新区签订的投资协议中，项目被定义为沈北新区酷贝拉文化创意产业基地，项目总投资5亿元，占地172亩，旨在打造动漫卡通中国总部和职业教育体验基地东北总部。儿童职业体验馆策划机构北京幻视联创称：该项目有青少年体验教育区、玩具王国体验区、动漫及文化衍生品研发生产区、亲子酒店体验区及相关配套区，其中酷贝拉青少年体验教育馆是一座以3~15岁的孩子为主的室内主题仿真城市；玩具王国是与日本知名玩具公司联合打造的玩具体验及推广项目，将拉近玩具制造商、品牌运营商与孩子的距离，促进玩具制造业的多元化发展；亲子酒店体验板块是对传统酒店业进行改版，强调孩子对运营和管理的全方面参与，注重家庭亲子概念。

案例二：男人的衣柜在海澜之家

　　海澜之家是江阴海澜之家服饰有限公司于 2002 年 9 月推出的，从诞生到获得广泛认可十几年，是什么原因促使海澜之家在十几年内就取得如此惊人的成就？

　　海澜之家自选商场看上去似乎与普通服装连锁店没有区别，然而，仔细研究就会发现，传统的服装消费通路模式在海澜之家发生了根本性颠覆。海澜之家在一般人眼里只是一个服装品牌，但实际上，它的内涵从诞生之日起就超越了传统服装品牌，它还是一个营销品牌、一个服务品牌、一个连锁零售品牌。具体来说就是：超大型男装卖场。

　　在海澜之家 200～1000 平方米的卖场内，陈列了成年男性从上到下、从内到外、从正装到休闲，从春夏到秋冬一年四季所有的服装服饰产品，共有 17 大系列，5000 多个品种，消费者年龄涵盖 18～100 岁。目前，海澜之家已有的服饰品类包括套装西服、休闲西服、夹克、棉袄、大衣、羽绒服、毛衫、针织衫、衬衫、T恤、西裤、休闲裤、牛仔裤、内衣内裤，还有皮带、领带、围巾、袜子、皮鞋等，成年男性所需的服装这里应有尽有，确实是一个男人的衣柜。

真正实现"高品位、中价位"

　　海澜之家的"后盾"海澜集团在国内第一个提出服装生产新概念，即服装的研发从最原始的羊毛开始，从而在国内服装界率先形成了从羊毛买入到服装成品出去的完整产业链。正是有了这样的产业链，才使得海澜之家产品能经历最纯净的流通环节，从牧场到工场再直接到卖场，每个环节都是自己的资源，没有任何中间商参与，从而有效控制产品的成本和品质，直接让利给消费者，因此，海澜之家每套西服的价格在 480～1680 元，比同档次类似品牌西服的价格低很多，完美实现了"高品位、中价位"的品牌理想。

首创"无干扰、自选式"的购衣模式

男人购物是需要才买，看中就买，并且不喜欢有人在旁边跟着、盯着，不停地和他说这件好、那件好，让人感觉不自在。海澜之家的服饰产品按品种、号型、规格分类陈列，并且设有一目了然的自选导购图，消费者可以根据自己身高、体型轻松自选购衣。其还在货架旁、试衣间里设有按铃，如果顾客需要服务，只要按动按铃，海澜之家的专业服务人员会在最短的时间内出现，为他提供周到的服务。

既"连"又"锁"

当前许多服装连锁品牌都存在"连"而不"锁"的问题，即只是"连"形象，没有统一的价格，也没有统一的服务，管理"锁"不住。而海澜之家则是统一形象、统一价格、统一管理、统一采购、统一配送、统一装修、统一招聘、统一培训、统一结算，实行全国统一连锁经营管理，真正做到了既"连"又"锁"，"连"住了品牌，"连"住了形象，"连"住了产品，"连"住了服务，也"锁"住了管理，使每一家门店都能按照公司的标准化模式经营，公司的每一个部门也能按照标准化的业务流程为门店服务，标准化成为了海澜之家门店"拷贝不走样"的保证。

在中国服装市场上，有以轻资产运作著称的 PPG、凡客等后起之秀，也有像海澜之家一样掌握整个服装产业链的老牌劲旅，如杉杉、雅戈尔等。与这些竞争对手相比，海澜之家的服装品牌不能与杉杉、雅戈尔这样的国内服装巨头相抗衡，而基于已有产业投资，海澜之家也不能走轻资产运作之路。

在前后夹击的背景下，历史并不长远的海澜之家没有选择价格战，而是通过起点高、立意新的品牌运作使海澜之家品牌避免在"红海"中竞争。海澜之家成功的关键在于独辟蹊径地围绕男士服装这个缝隙市场，精耕细作，提供高品质、高性价比的成年男性所需的所有服装，简而言之，就是在一个细分市场上提供完整的产品系列，使海澜之家这个品牌的知名度、影响力与日俱增，成为"男人的衣柜"。

案例三：比亚迪："袋鼠模式"，多元扩张

《中国商界评论》中对于比亚迪有过案例解析：

从 2003 年进入汽车行业，到现在的初步崛起，比亚迪似乎走的是一条金光大道。但是，在当时兴起的"外行造车"热潮中，比亚迪其实是唯一的幸存者，汽车行业的滔天巨浪已经淹没了无数的知名企业，奥克斯、夏新、美的、波导乃至当时盛极一时的格林柯尔，均以失败告终。比亚迪以 F3 崭露头角，到现在成为继奇瑞、吉利之外的民营汽车后起之秀，其背后有何独特秘诀？

复制技术基因

通用的伟大，不仅在于其曾经连续 5 年雄踞世界财富榜第一位，更可怕的是，几乎在所有扩张领域都数一数二，复制新产业的能力无人能出其右。无论是沃尔玛还是国美，其连锁模式能够成功，单店的自我复制能力无疑也

至关重要。比亚迪已经是电池领域的王者，但是，要超越单一领域，成为真正卓越的企业，还需要考验其自我复制的能力与稳定性。从最早生产电池，到生产手机配件，再到现在跨入汽车业，比亚迪称其发展过程为"袋鼠式有效复制"。从生产电池到造车，比亚迪像袋鼠一样繁衍了一个又一个新业务，汽车只是最年轻的一个。

为新产业建立保护性"育袋"

在2003年，随着上市的最终完成，比亚迪登临电池行业巅峰，进行大规模的产业布局转移与调整成为比亚迪的自然选择。但是，比亚迪从电池领域向汽车领域扩张，是一种从低门槛行业向高门槛行业的逆向扩张，存在很大的局限和风险，以至当初比亚迪收购西安秦川之时，股价狂跌20%，但最终比亚迪却成为一个异数。

比亚迪选择汽车行业看似天马行空，实际上是形散神不散，整个产业链各项业务之间可以产生聚合效应。日本汽车的崛起与电子器件在汽车中的广泛应用有很大的关系，装在它们汽车上的电控系统能安全可靠地运转。同样，在电子部件、模具、车载电池等领域的领先优势，使比亚迪可以先掌握某些具备核心竞争力的零件，再组成整车的集成优势，造就了一般民企无法超越的制高点。由此我们可以看到，比亚迪成功进行产业转移，具备几个独特的根基：其一，在主业方面，建立了绝对的竞争优势，使竞争者短期难以突破，避免了两线作战的后顾之忧，为新产业的成熟赢得了时间，造就一个母体的"保护袋"；其二，在产业布局上，选择了处于发展初期的、未来潜力巨大的行业，可以迅速完成原始积累，不至于陷入持久战的泥潭；其三，有别于国内多数企业，比亚迪一向注重技术研发，使其在新产业领域具备强大的技术储备。

模仿发展模式

比亚迪一开始是以一个模仿者的面目出现的。在电池领域，比亚迪与索尼进行长期竞争，从开始的模仿，到目前已经在众多领域超越索尼，比亚迪走的是一条从模仿到超越的路。在汽车领域，比亚迪开始以丰田为模仿对象。作为曾经的后起者，在进入汽车业的初期，丰田坚守了一个信条：模仿比创造更简单，必须先生产安全、经济的汽车，而不是创新性的产品，因为这些更符合大众对汽车最基本的需求。目前的中国汽车市场尚处爆发前期，纵使以年均增长 50% 的超高速度发展，到 2010 年中国汽车的保有量也不过 10%，远未达到普及程度。更重要的是，目前的城市精英将被稀释，平民将成为消费主流，未来的消费结构将发生巨大的变化，将造就一个广阔而不平衡的、以一般民众为目标的市场，对于技术有巨大的包容性。这是一个以需求为主导的时代，满足需求比技术创新更为重要。鉴于此，比亚迪的策略是：在技术上，尽量模仿，辅以一定程度的创新，在价格上，实行低价策略，以迅速抢占市场。

在众多"外行造车"失败的情况下，比亚迪能够一枝独秀的原因，在于其独特的"袋鼠模式"：集中内部资源，在已有的商业领域成功后，迅速进行战略转移，利用内部的资源像袋鼠一样繁衍一个又一个新业务。

在产业布局空间上，比亚迪成功实现从电池到汽车的转移，其重要的一条，就在于比亚迪本身在电池领域的绝对领先地位，使其可以从容培育新的产业，避免两线作战的危险，这就是比亚迪造车成功，而波导、奥克斯等造车失败的重要原因。而在时间轴线上，比亚迪选择成长初期的汽车行业，避免了培育时间过长、干渴等死的困局出现。比亚迪汽车的迅速崛起，使其不至于因为培育新业务而将原来的主业拖入泥潭，顺利实现了产业转移与协同。

兼备时空的一体性，才是比亚迪创新商业模式成功的关键。

> **商道纵横智慧：商业模式的资本价值不在眼下，在未来。**

做实业牧人还是资本猎人？

如何让企业实现资本化

运作？

　　企业人从大的范围可以分为两类人，一类是玩资本的，另一类是做实业的。也有兼做实业和资本的。有人形象地把玩资本的称为"猎人"，用子弹换猎物，收获如何，靠的是眼光；同样地，我们将做实业的称为"牧人"，早出晚归，一天天让牧场草长羊肥，靠的是辛勤和汗水。然而，随着"猎人"越来越时髦，账面的数字像火箭般暴起暴落的刺激，总是让人心动，一部分"牧人"在放羊的同时，也带上了"猎枪"，有意无意地加入了"猎人"的队伍。有些人既做"猎人"又做"牧人"，既想做实业又想玩资本，这是有高难度的，它比做"猎人"难，比做"牧人"更难。所以，你必须承认自己是天才，你觉得自己没那个才能，做一头比做两头好。但还是有人做好了，这是要看水平的。

　　市场的"酷"就在于，"猎人"不一定都能满载而归，也有看走眼的投资，"牧人"也不一定没有风险，在如今风起云涌动不动就闭门歇业的状态下，做实业的"牧人"不一定天天能找到好草，来养肥自己的"牛羊"。

　　如此，给企业提出了更高的要求。必须在兼顾实业的同时积累原始资本，然后用原始资本产生剩余价值，进入做资本的范畴。那么，如何让一个企业实现资本化运作呢?

就企业的资产而言,有无形资产和有形资产两大类,无形资产主要指品牌、专利、专有技术,甚至企业的声誉、商业模式以及企业制度等。有形资产也就是企业的所有有形的那些资产。如果谈论这个话题,有一个默认的前提,那就是你的企业要有资产,无论是有形资产还是无形资产。

此处以 A 企业为例来分析:

A 企业是一家有 14 年历史的以生产护理用品为主的企业,其专注于妇女儿童用品,源于企业 14 年前创立的时候就已经看到中国人口众多而产生的对护理用品的巨大市场需求。当时看准注重生产的企业比较多,但是能够运作品牌的企业很少的现实。采用的是轻资产运营的模式,也就是自己全力运作品牌和产品通路渠道的建设,自己控制产品的原材料和交付标准以及产品研发。经过持续的产品拓展,企业网络遍及全国,年产值达到了 40 亿元,产品利润率达到 20%。而在这个运作过程中,企业的核心优势不断强化。渠道建设和品牌建设得到了深入的巩固。与此同时,那些只具备产品加工能力的企业,在此过程中,由于没有自己的品牌和渠道,对 A 企业的依赖性更强。其中四家代工厂由于利润微薄,感觉前途渺茫,于是主动提出来把工厂卖给 A 企业。于是,A 企业由单纯地进行贴牌加工变成了拥有自己工厂的企业。企业的资产质量和数量得到了进一步的提升,同时,企业品牌的市场占有率升至第四名。同时上升的路径依然广阔。

自然,A 企业老板浸淫国内多年,深知中国国情,一旦企业有了品牌,有了钱,那么就可以以自身的品牌影响力去进一步整合外部资源,于是,企业也在所在地购置了一些土地,盖了一栋大厦,这些都是进一步做大企业优良资产的安排。但是,相对于企业已经具备的基础和品牌影响力,这些运作是远远不够的,企业还需要进一步抓住良好的成长机会,从而在安全保险的基础上进一步把握国内的市场和时代机遇，加强赚钱能力，进一步增强企业的资产盈利能力，放大企业的资产效应。

因此，我们的讨论围绕此展开，也就是如何进一步增强企业的资产资本化？我们的品牌已经足够进行外部资源的整合了，我们的品牌对各地好的产业园、开发区都有很强的吸引力。它们愿意以很便宜的价格供应土地。我们可以在全国的重点战略市场进行生产基地的布局。选择那些区位好、资产质量增值有保证的地区建立产业园，外界看到的都是我们的品牌，我们依然可以在掌控企业的核心要素即品牌、标准的基础上，把那些没有能力建厂的企业和供应商引入自己的园区。

物业租赁会产生很好的现金流利润回报。据测算，上海周边的工业用地的物业租金收益可以在60个月收回全部的前期静态投资。而后面，就是企业的纯粹收益了。与此同时，资产还在不断升值，当企业需要低成本的银行资金的时候，又可以通过资产盘活迅速转化为企业的资本。这样，企业的无形资产和有形资产实现了良好的配合，进一步互相正向促进。可以想见，企业在保持自身核心竞争力的前提下，采用的依然是轻资产的运营模式，由于是轻资产的运营模式，这个企业的资本回报率必然远高于重资产的企业在资本方面的回报。这也进一步证明了企业的盈利能力。

因此，在给股东创造更好的投资回报的同时，也会进一步提升对投资者的吸引力。事实上，该企业的资产回报率远远高于同类型的企业，毛利基本可以稳定在35%，而净利润可以达到20%。当企业在完成这个资产资本化后，企业的收益会更加稳定，在企业的主业和辅业之间达到了新的平衡化发展。这个就是企业资产资本化的一个基本层面。

从另一个层面而言，企业还需要进一步从资产的运营层面挖掘企业的赚钱能力，这个方面日益重要。因为中国制造业的利润处于一个高度不稳定的状态，而现有的经营环境和整个中国的体制结构，注定企业需要更好地理解企业赚钱的路径和策略。同时在企业层面又必须保持主业的竞争力，也就是必须求得一种平衡。可以看到，在国内经营成功的企业，也都在资产运营收益方面取得了不俗的成绩。这个不仅是一种必须手段，也是企业为规避风险和分散风险而进行的一种企业层面的资产配置策略。

第六章　顶层商业模式
设计的独家解码

企业没做大，人、财、物都有问题。

商业模式是所有企业发展的原点，是企业从出生到成长再到成功的总设计师！赢得资本青睐的秘诀就是：优秀的商业模式＋优秀的团队，商业模式是企业战略的思想基础，是企业的最高思想和意识形态。

一、顶层商业模式设计思维

中国商业模式实战专家危正龙先生曾提出"企业顶层商业模式设计"这个概念，其实并不是什么新鲜事物，只是过去大家忙于"低头拉车"，而忘了"抬头看路"，更不愿意花时间做基础性的工作，什么"大鱼吃小鱼"，什么"快鱼吃慢鱼"，大家把关注点放在了速度指标上，而忽视了质量指标，结果必然是欲速则不达，付出沉重的代价。

"顶层设计"这个源于工程学的概念，早在 30 多年前就被跨国公司普遍采纳，作为经营管理的指导方针，通过顶层设计这样一个系统性思考的方法论，可以有效地解决错综复杂的市场问题和企业内部的经营管理难题，为企业的健康发展奠定坚实的基础。

简单来说，顶层设计就是用科学的方法论对企业未来五年的发展做出系统性的规划，即按照"以终为始"的原则，基于对目标市场的理解，对用户需求的把握，对竞争格局的认知，通过系统的分析把经营管理目标设定好，把用户心目中理想的完整产品描述清楚，把实现目标的关键要素和主要挑战罗列出来，把潜在的问题和风险预见到，从而根据目标配置资源，缺什么，补什么，倒排时间表，形成一个通俗易懂的"剧本"，然后让各个职能的管理者按照"剧本"上的分工扮演好自己的角色。而在执行过程中，各级经理人扮演着导演和助理导演的角色，需要给执行者"说戏"，这样才能让战略落地。

在某移动医疗公司的管理会上，所有的高级经理坐在会议桌边，这时董事长发话了："各位，现在世界变化很快，我们有必要重新思考一下我们的商业模式了。"然后，销售经理发言："我们的服务水平远远达不到有的智能手机客户的要求，应该提高移动端的服务质量。"市场经理指出："从最近的市场趋势来看，我们应该将焦点放在医患平台市场。"产品开发经理说："我们现在的技术已经落后了，市面上已经有新的软件开发技术……"UI 设计经理说："现在 UI 设计流行扁平化，我们的设计已经过时。"

几个小时以后，大家的讨论还在继续，其实这种没有结果的讨论经常发生，尤其是在大公司，最后的结局往往都是老板拍板做出最后的决定。我们并不是说与会者不够聪明，只是他们总拘泥于自己的部门利益，还有一个原因是没有选择正确的工具，缺乏全局观。我们可以用图形和可视化的语言来让问题更加清晰明了，那就是——"商业模式的顶层设计"。

当然，仅意识到顶层设计的重要性还不行，必须让更多的中国企业掌握进行顶层设计的方法论，通过顶层设计实现企业的转型与升级。企业探索资本市场需要做多个设计，那如何设计？这是一个顶层设计的概念，合规性、价值性、资源整合性以及最后的资本之路。

在顶层商业模式设计上，85 度 C 做得很成功，也具有借鉴意义。

星巴克很成功，但较之 85 度 C，后者更成功。为什么呢？

当一个企业崛起并获得成功之际，其他后进企业往往照搬领先企业的模式和做法，希望获得同样的成功。但令人遗憾的是，这样做往往难以获得竞争优势，只能跟在后面跑，难有大的作为。85 度 C 却打破这一惯性，重新划分市场格局，星巴克主要定位于中高端消费群，满足他们的品位和休闲生活，而 85 度 C 却将整个消费群一网打尽，从顶端高收入的金领到白领、工人、学生全部占领，其核心策略就是打高立中，树立更加明朗立体的品牌店面形象，独特的价值主张、物美价优的丰富多样化产品，塑造立体感更强的品牌形象，实现咖啡和西式点心、面包的普及化和时尚化。

星巴克是将传统的意大利贵族咖啡馆进一步时尚化、平民化，那么 85 度 C 在星巴克的基础上进一步将咖啡和西点生活方式普及化和生活化，从优雅的中产阶层享受的休闲方式向整个社会延伸，将很多不喝咖啡、不爱吃西点蛋糕的人士也纳入消费群行列。

同时，让本来价格较高的西式点心、面包也实现现实平价，让更多的中国人能够在日常生活中品尝到各种美味精致的西点，大大提升了生活品质和生活档次。20 多种饮料和咖啡，60 多种蛋糕，80 余种面包，由 5400 平方米中央厨房提供的琳琅满目的产品，远远超过一般的西饼面包屋，恺撒大帝、芝士球、招牌 85 度咖啡、蓝莓乳酪、抹茶红豆等品种十分受消费者欢迎。

在进入中国大陆市场之前，85 度 C 开店团队在上海等地调查了两年，而后在一年里开出了上百家专卖店，这样的速度是惊人的。

我们知道，肯德基进入中国市场，前十年也才开 100 家店，85 度 C 前往中国市场还不到三年，就已经开出了 140 家店，这样的业绩是怎样产生的呢？

85 度 C 在前期深度调研的基础上，摸清了上海主要商圈的环境、业态、竞争品牌发展情况，选择核心商圈、临街拐角、星巴克咖啡店附近作为最佳开业位置。

需要注意的是，这些商圈的租金都贵得惊人，200 平方米商铺月租金超过 10 万元，不算其他装修、人员、运营费用，100 家店，一个月租金就超过 1000 万元，而商铺租金往往是半年一付，85 度 C 凭借自身的资金能在短期内做到吗？据悉，之所以能在短期内开出这么多店铺，就是与物业拥有者谈判，以合作入股的方式降低租金，甚至免除租金，加快了开店的速度，这种与合作者共赢的虚拟整合模式，改变了以往的开店模式，极大地调动了各类商业资源，形成正向的马太效应，带动许多拥有店铺资源的合作者慕名而来，保证了企业的高速成长，进而迅速上市，让更多的合作者受益，进一步带动开店速度。

通过对 85 度 C 的系统分析，我们找到了企业快速取得成功的方法和秘诀，值得我们深入研究和思考，这样的全面差异化策略，完全适合国内大多数处于徘徊的其他农副产品的升级发展和借鉴参考，以获得更高层次的发展。这也是一个商业模式顶层设计的最佳典范，顶层设计所能兼顾的维度非常广。既是眼下，又是未来的商业设计。而 85 度 C 不论其打造商业模式版图还是重塑市场定位，甚至高人一筹的开店策略，都给大家提供了可供参考的有价值思维。

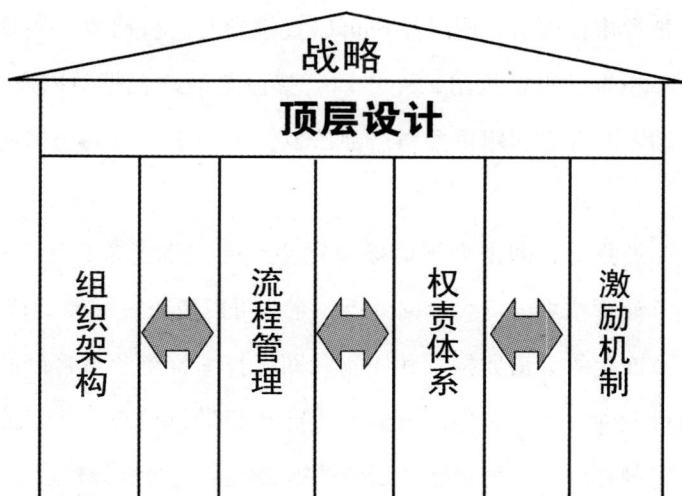

图 6-1　顶层战略设计

二、企业产业再造路线图

我国正处于从中国制造向中国智造转型的关键时期，工业和信息化部2013 年 8 月就将互联网与工业融合创新列入专项行动计划（2013~2018 年），定为重要方向。那么，这说明了什么？传统企业要想进行产业再造，必须实现产业互联网化，才能真正达到再造的价值。因为，产业互联网将再造整个产业链流程，涵盖从研发、生产、销售到协同合作各环节。

第一，研发再造，即从单向度精英式引导向全互动草根式众包变革。传统的研发环节是以企业的研发团队为主导，用户参与度小，往往不尽如人意。在产业互联网模式下，网络成为了企业与用户双向沟通的渠道，互动使企业能快速准确把握市场需求，同时用户可以直接参与产品研发，实现了研发的众包式变革。小米手机在推出的一年前，就在其网站上吸引网友参与讨论，根据用户反馈不断升级，用户参与产品研发，为小米手机的畅销提供了坚实基础。

第二，生产再造，即由大规模标准化生产向大规模柔性定制生产变革。利用互联网云计算技术进行大数据分析，企业可以更快更好地了解客户需求，处理生产环节产生的大量数据。利用物联网等技术，企业可将产品与生产设备联网，通过软件控制，对生产要素与生产流程进行动态化、智能化的配置管理，实现定制化生产。海尔已经创新性地尝试家电的量身打造。

第三，销售再造，即由简单的线下推进向融合式全渠道营销转变。互联网加速了信息的交流与推广，削弱了信息的不对称性，加强了市场的公开性与透明度，通过线上的交流带动线下的互动，为企业的销售带来新的活力。壁垒较高的行业可以通过建立垂直电子商务平台，聚焦于行业内部，做到市场细分与专注，提供专注于该行业的服务。未来互联网销售发展的可能方向是借助网络的实时性与互动性特点，货品价格会根据买方数量与报价实时调整，类似股票市场。

第四，协同再造，即由企业内部协作向全产业链协同变革。在企业内部，产业互联网可以应用于云平台办公、多组织协同管控、移动办公等领域，加强企业自身的信息沟通与协作。在产业层面，互联网一方面可以将电子商务、互联网金融、智能生产、移动办公等独立的应用领域连接起来，另一方面可以将产业链的上下游企业连接起来，形成产业链的联动与产业生态的发展。试想汽车交易平台产生的信息，通过互联网的分析传播，不仅可以指导汽车厂商的生产制造，还可以用于上游零件商、材料商的研发与供应，同时还可以用于下游洗车店、汽车维修保养店的布局，帮助金融机构设计销售贷款、保险等金融产品，甚至可以应用于政府部门进行车辆与交通管理。如此环环相扣，每一环产生的信息都可以应用于其他环节，信息的价值成倍放大。

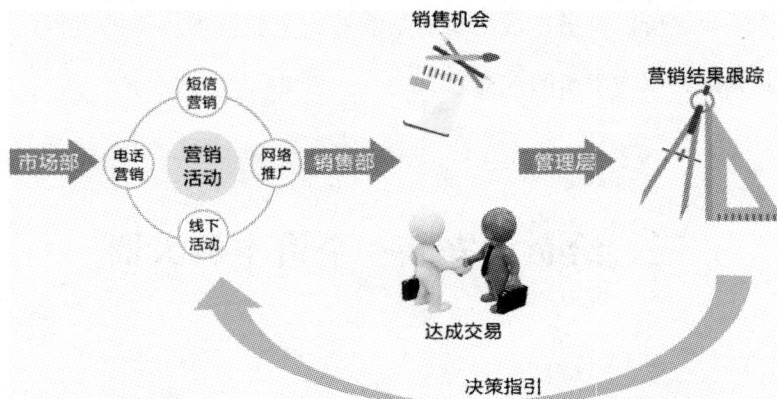

图6-2　企业产业再造路线

我们的平台中国发起了一个《商道纵横大系统》，正是沿袭互联网产业再造路线，并联合中国政法大学、复旦大学、广东金融学院等各领域专家智者共同研发，集顶层设计、商业智慧、创新思维、模式设计、资本策划与平台联盟于一体，经过三年研发和一年实践验证，已落地项目有广西鸦胆子项目、电商大厦、罗斯软件、新富财物联网、都美商城、光彩集团、普天蓝瑞、上川机器人、圈圈科技微伙伴、小鸟房车、中国艺术家村、众泰汽车等，成功实现了多项产业再造项目。在我们平台上进行系统培训和项目对接后，企业家纷纷意识到企业家自我定位与企业定位的重要性，在学习了商业模式19问工具后，豁然开朗，原来只有从长远路径把企业的商业模式设计好，运用资本的思维经营企业，把企业资本化，才能实现财富，才能实现自己的抱负与理想。

历经 13 期的学员见证，平台中国《商道纵横大系统》已经被越来越多的企业家认识并认可，学员们说的最多的一句话就是：平台中国是一个真正靠谱的平台，是一个能够陪伴老板成长，让老板成为大商人的教练型实战平台。这个平台之所以靠谱，最主要的是能够给企业资本运作的可行性落地实践，企业家都能成为未来的大商人。

三、给企业安装一个资本放大器

企业有很多经营之道，最核心的内容就是你是否拥有智慧。改革开放 30 多年成就了大量的优秀企业，这些企业在 30 多年的成长中通过不同的方式取得成功，有些人是因为走入灰色地带，有些人是因为胆子大，但那都是过去的成功。再看看当今的企业，用过去的法宝已经很难复制这些成功了，如果你要复制就会犯错，这个时候就一定要靠智慧的方式来提升你的价值。

笔者在做管理咨询和投融资服务的过程中，和许多企业家打过交道。有些企业家，尤其是中国的中小民营企业家，基本上都存在这个问题——天天缺钱。有些企业的财务总监说他都愁死了！愁什么呀？他说老板一上班，见了他就说赶快去筹钱，他说愁得不得了。笔者认为，这说明这些企业在融资上没有规划。哪天饿了哪天去拿钱，这就是财务管理水平不高的表现。要说不缺钱的企业不是好企业，但天天缺钱也有问题，至少说明你没有规划。

保证适时到账的方法：融资规划。要有规划，就是必须要规划好拿钱的时间，什么时候拿多少钱适合，什么时候出让多少股份，都要规划。我们知道，如果太早出让股份，出让多了可能吃亏，如果是在初创期，企业估值不高，出让股份多，拿的钱就少。所以在不同的时间段，要出让不同的股份，融不同的资。

笔者和许多企业家朋友交流过这样一个问题：做企业过程中的苦恼是什么？他们的回答有相同之处，也有不同之处。笔者做了一个归纳，他们的苦恼集中在以下三个问题：

第一，同样是做企业，为什么他们的企业越做越小，最后不仅亏损，甚至还倒闭了，但有的企业却越做越大，利润还能越来越多？

第二，做同样的行业，为什么他们企业赚钱特别费劲，甚至还赚不到多少钱，但有的企业却能轻松赚钱，而且利润很多？

第三，一样的利润率，为什么他们的企业还停留在一两亿元的阶段，别人都已经进入几十亿元的阶段了？

首先，企业家眼光独到不独到，选择的行业好不好，直接影响企业的盈利。例如你选择了一个能轻松盈利的行业，那你就会做得很轻松。

什么叫轻松盈利的行业呢？简单说，例如有这么一种情况，大家哭着喊着要买企业的产品，不买都不行，如果你选择了这种行业，那肯定赚钱。这是第一个问题的奥妙所在，就是做企业要懂得"管理密码"，尤其要明白怎么选行业、怎么让钱转起来（财务管理），懂这些，是企业能够盈利的基础。

其次，为什么选择了同一个行业，你感觉赚钱费劲，但有的人感觉赚钱很轻松？这和"商业密码"有关。所谓商业密码，以笔者的理解，就是企业家盈利的方式和手段，即靠什么让消费者把钱放到你的口袋里。

最后，好多企业家在困惑：我的企业和另外一家企业做的是同一个行业，而且我认为我的管理水平比他高，我的销售收入比他多，我的利润也比他多，但是为什么我的财富比他的少好多，甚至只是他的1/10？

笔者认为，产生财富差别的原因是是否懂得资本密码。就是说，有的人

图 6-3　资本放大器

不懂得用杠杆的力量让利润翻倍，而有的人掌握了资本杠杆的力量，将利润成倍地转化成了企业财富，这样企业间的差距自然就拉开了。

如果企业管理者能深度分析和运用上面的三点分析，还怕资本不会增值吗？可能有人要问了，去哪里找这样的理论和培训系统呢？这就要用心找自己的资本放大器了。

四、首先是做强，然后再做大

无论是企业的商业模式，还是企业的内部管理，都需要依靠智慧来进行。经营信用比生命更重要，领导人及企业整体素质会影响企业资本化。对于企业商业智慧的核心，一个非常重要的观念就是千万不要让别人吃亏，这是把企业做大做强的内核。有人说，如果让你的合作伙伴吃亏了，你的企业一定做不到基业常青，只有让你的合作伙伴跟你一起做强做大，才有可能真正使你的企业一直做下去。换言之，你需要跟合作的每一个人共享成果、实现共赢，这也是企业的经营之本。

企业拥有者无不希望自己的企业既强又大。但是，笔者认为首先是做强，其次再做大才是一个正常的、良性的发展步伐。一是做大之道，企业如何做大？二是做强之道，企业做的大未必是强的，做大做强也很容易，但是跟资本市场对接的时候，更应该做快之道，如何使自己做得更快，比别人跑得快，所以中国最大的机会不在于你有多大，你有多强，而在于最后胜出者是谁，跑得快的前提是必须学会在资本市场用别人的钱来发展自己。还有就是做久之道。短跑中你可能跑得很快，没问题。但你是不是还有持续力，如何持续？靠什么持续？以前我们都是做大做强，所以我们加了一个，既要做大做强还要做快做久，如何做久？那就是做好之道。

我们说做好产品很容易，做好企业不容易，什么是好企业？只要性价比高，就是好产品，价格很高，产品再好，也未必是好产品，所以性价比高的就是好产品。但做一个好企业就不容易了，不是有好产品的企业就是好企业，好企业除了好产品之外，还要有很多好的东西，如管理、品牌、渠道、营销等。

企业做强的目的是什么？是使企业的竞争力能够倍增。这个竞争力靠什么支撑？第一是定位的力量，无论一个企业生产何种产品或提供何种服务，都要给自己定位，即生产什么产品？卖给谁？在什么时间、通过什么渠道来卖给什么样的人？这就是定位的力量。例如，王老吉是怕上火，所以它就形成了定位的力量，所以销售额原来几亿元，现在超过了200亿元。像极草的

图 6 - 4　企业不但要做大，更要做强

定位是喜欢吃冬虫夏草的消费者。

所以在竞争力倍增的同时还要有差异化，差异化就是你跟别人不同，你有别人没有的，这就是核心竞争力。

第二是创新的力量。如何创新？往哪个方向创新？你要创新哪些产品或创新哪些服务，甚至商业模式往哪个方向发展？

企业追求做久的目的是持续力倍增。一个公司怎样才能做得更长久？我们说产品和技术都是短暂的，比产品更能持续的是什么？是产品背后的东西，是品牌。

为什么那些百年老店、传统老字号特别有受众，说明品牌就是核心。只有品牌是能让企业永远受益的，产品和技术都是短暂的，而且越先进的技术越是短暂。如何把短暂领先的产品和短暂领先的技术变成持续领先的品牌？品牌不是产品的牌子，是消费者在想消费此类产品的时候，就会想到你，所以我们经常问渠道是什么。

移动互联网的发展，会消灭很多渠道，有些店都不用开，更不用开到你家门口。开实体店的原因有三个：第一个是你看得到，第二个是你想得到，第三个是你拿得到。那现在呢？实体店看得到的东西网络上一搜索都看得到；想得到，很多新品牌在网络上容易做起来，你去搜索这个品牌，所以你能想得到；物流发展了，你能拿得到。所以对一个企业而言，如何打造品牌？打造品牌基因、品牌塑造和品牌的溢价。这是企业能持续的一个关键力量。

有了品牌还要想到共赢的力量，一个企业的发展靠很多力量支持，如果企业真的想做得更长久，不仅要想到自己怎么赚钱，还要想到你的上游怎么赚钱，你的下游怎么赚钱，你的合作伙伴怎么赚钱，你的员工怎么赚钱，只有这五方都赚钱了，企业才是可持续的企业。

最后还有一项，就是要重视企业文化的力量，它是真正能够持续的持续力，也是非常重要的一个因素。企业文化的力量是看不见的，但实际上时刻在左右企业的发展。如何形成一个有效的共赢的企业文化力量，是保证企业做久、持续力倍增的一个非常关键的力量。

企业做大的前提是做强，既强且大后才能走得更远。

五、四轮驱动模式

前文我们谈了企业做强、做大，然后进一步做久、做好。既能实现资本增值，又能拓宽渠道资源，引来更多的项目参与和投资方青睐，经济循环就会成为良性循环。笔者认为，驱动资本的运行过程是发现好项目—发掘产业再造的信息—发挥能力—发展持久利润。

每一个创业好项目的发现都会让人很惊喜，能否找到好项目的关键在于能否发现商机，在激烈的市场竞争中，一条有价值的信息常常可以获得价值可观的经济效益。而我们的一些企业经营者之所以感到"市场难找，生意难做"，主要是缺乏从各种信息中分析、研究、预测市场的敏锐性以及观察消费者需求不断变化的能力。

首先，从变化中发现商机。这里所说的变化主要包括产业结构的变动、消费结构升级、城市化加速、人口思想观念的变化、政府政策的变化、人口结构的变化、居民收入水平提高、全球化趋势等诸多方面。这些变化总能带来新的商机。

其次，锁定目标客户群，从需求中发现商机。对于创业者来说，无论你提供的是一个产品还是一项服务，需要了解的第一个问题，都必然是这个产品和服务的对象问题。只有了解服务对象是谁，才能够通过分析他们的消费习惯和消费心理，生产和提供适合他们需要的产品和服务。对于在寻找创业机会阶段的百姓来说，把握住目标客户的需求也是非常关键的步骤。

最后，从市场空白点发现商机。一个成功的商人，必须要有一双善于发现并把握商机的眼睛。艺术家说：世界不是缺乏美，而是缺少发现。同样，世界上绝不缺乏商机，缺乏的也是发现。投资者可以根据自己对某一行业的分析，直接从市场发现和分析需求的空白，并通过创业来满足这种需求。若要出奇制胜，除了大多数人采用的"人有我有"之外，企业还应积极主动地寻找整个市场链条中的空缺，善于抓住空白点。

有了好项目，还要深入研究项目的产业再造能力。当年张小龙开发微信的时候，他只想把微信打造成一个纯人文的社交环境，现在的微信已具备了强大的价值再造能力，而且未来的商机依然巨大。

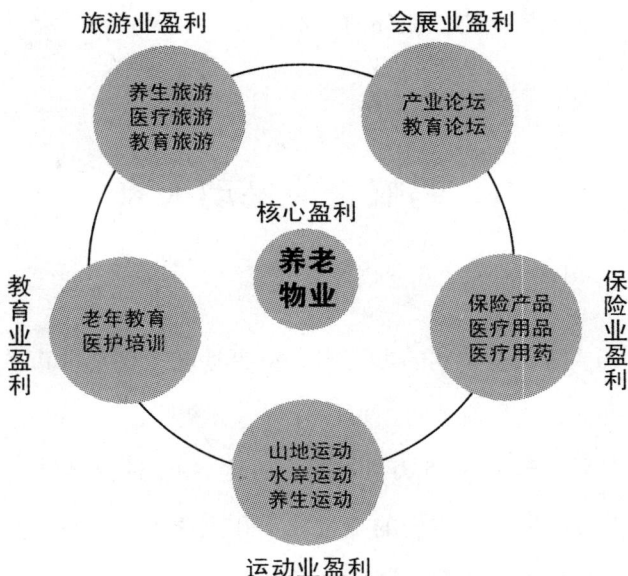

图 6－5　市场中的行业商机

有了价值再造作依托，想把项目做成持续盈利，还要懂得借力借势，经商的秘诀是六个字：布局、造势、摆平。选项目看品牌已经是妇孺皆知的道理，关键还要选中非常有潜力的连锁加盟好项目，这就更需要敏锐的判断和独到的眼光，富人和穷人在这一点上的差距尤为明显。我们的合作伙伴健来福连锁企业，在这方面就是一个非常成功的例子。

健来福连锁企业是中国大健康产业领域的明星企业和中国具成长力的品牌企业，健来福国医古方食疗养生所属公司依托产品运营、项目运营、资产运营、资本运营四大运营体系和店面终端、商超专柜终端、电子商务终端、会员体系终端四大消费终端，努力成为中国大健康产业领域里的潜在机会发现者、价值投资者和最强的综合渠道运营商。

从项目运作到最后实现资产循环，都需要进行有效的四轮驱动。好项目是运动的前提，也是资金得以循环的根本。

六、蚂蚁也能撼动大象

在资本市场，我们能看到的靠资本走得更远甚至融资上市的都是一些高大上的企业，那么，小微企业可不可以分得一杯羹呢？

据统计，世界上至少有 15 万种蚂蚁。虽然一只蚂蚁看起来很小，但是如果把所有蚂蚁放在一起称，它们的重量几乎和全球人口的总体重相当。科学家发现，蚂蚁在地球上的生存史可以追溯到 1 亿多年前的中生代。也就是说，蚂蚁曾经和恐龙生存在同一个时代，但是，庞大的恐龙早已经从地球上消失，而蚂蚁却几乎占据了除南极洲之外的所有大陆。

究其原因，就是无论社会大环境如何变幻，周围共生的生物是什么，蚂蚁都能够适应环境，并与其他生物和谐共生。

在非洲热带草原上，蚂蚁根据周围环境的特点，选择了金合欢树作为自己的生存伙伴。因为金合欢树的树枝上有一些空心刺，非常适合蚂蚁安家，而且金合欢树分泌出来的汁液也是蚂蚁的美食。而当金合欢树的天敌，如天牛、大象、长颈鹿来临时，蚂蚁就会用尽一切办法保护金合欢树不受侵害。

到了南美洲，蚂蚁的生存伙伴就变成了蚁栖树。蚂蚁的巢穴则是蚁栖树的树茎，食物则是蚁栖树树叶柄基部丛毛处生出的"小蛋"。

生活在非洲热带草原和南美洲的蚂蚁面临着完全不同的生存环境，但是它们依然能够根据环境的变化找到最适合自己的共生伙伴。这就是蚂蚁强大生存能力的根本所在。

由此可见，外部环境的变化，必定会引起物种的生存压力，只有顺势而变，根据环境的要求对自己做出适当的改变，才能免遭灭绝的命运。

在经济市场的大环境下，小微企业如同蚂蚁。要在竞争环境中脱颖而出，有自己的一席之地，就需要像蚂蚁一样团结一切可团结的力量。

成熟行业里巨头林立，小企业要分得大企业的份额几乎不可能，但千千氏是个例外。

千千氏不但成功撬动了擅长"卖发夹免费盘发"模式的市场，更以一天内50店齐开，每月新开门店近百家的速度形成独特的快造型市场。2013年门店单笔最高销售5万元，单店月销售数十万元，全国店均业绩增长110%，全国终端零售总额超过5亿元。千千氏用短短的7年，从当初名不见经传、没人疼没人爱的街头小店，东征北伐，发展出全国数千家门店，并荣获九鼎等投资机构近亿元的融资，名噪一时，成就了一段商业传奇。

按照我国资本市场现存的格局，将这种小微企业推上沪深两家证交所上市是无法想象的。一方面，小微企业数量众多，交易所开再大的口子，也难以满足它们的融资需求；另一方面，小微企业虽然渴求融资，但对资金的需求并不是很大。如果按照目前对主板、中小板、创业板上市企业的要求那样对它们实行相同的上市程序，动辄数亿元的资金将是它们无法消化的，而如果按照它们的实际需要来融资，其为了少量融资所付出的融资成本也是极不经济的，证券商仅是从收益角度考虑也不可能承接这种业务。很显然，支持小微企业上市融资，并不意味着利用现行沪深两家证交所这个格局，而是必须另辟蹊径。

就小微企业的具体情况来说，它们的经营规模都比较小，并且一般都是在一个小范围内进行经营活动。因此，它们的融资规模通常很小，对有的企业来说，筹集100万元就能解决大问题，就没有必要硬塞给它1000万元。因此，小微企业的股票发行，没有必要像目前沪深交易所上市公司那样在全国范围"撒网"，而是只要在其本地区范围发行即可。同时，它们发行的股票也没有必要进入证交所上市，而是应该在其本地区的证券公司或银行进行柜台交易。这样一来，支持小微企业上市融资，其实需要先为小微企业搭建起"量身定做"的融资平台，用资本市场的术语来说，就是搭建一个店头交易的市场。

设立这种平台式的交易市场，方便小微企业上市融资，这并不是一件很难的事，需要的只是管理层有勇气对现在的市场格局进行改革。这种改革先表现在必须放弃目前实行的股票发行审核制，如果为了小微企业上市融资而专门建立一个发审委，要求它们像大企业一样进行审批程序，这对那些实力薄弱的小微企业来说，实在是无能为力。在注册制前景不明朗的情况下，在小微企业上市融资上倒可以先走一步，这些企业只要在当地金融主管部门进行注册，即可在当地发行股票并且进入店头交易市场。

这也是我们团队研究的方向，平台战略的融资计划，将对一些小微企业进行支持和帮扶，让真正的小微企业达到"蚂蚁也能撼动大象"的效果。

> **商道纵横智慧：企业盈利，外在资本化，内在人性化。**

企业家办企业的目的是什么？

资本运作的目的是什么？

企业管理之道是什么？

对于一个合格的企业家来说，一定是盈利！

企业盈利的背后体现的又是什么？

作为一个高层次的企业家，除了使企业盈利以外，一定是使自己的企业最大化，价值最大化！

如何使企业价值最大化？一方面，掌握企业的管理之道，让企业创造最大化的利润——练好内功；另一方面，在练好内功的同时，借助外力（外势）和外部资源使企业做强做大——资本运营。

资本之道有两个维度：一个就是怎么能够快速地、低成本地、低风险地把别人的钱拿过来赚取自己的钱，与管理之道紧密相联系。另一个就是赚到钱后如何实现利润最大化，就是要到资本市场去卖，让资本市场上的人来买，就相当于把企业拿到资本市场去卖。

企业从初创到长大的过程中，企业做大了，却发现规模增长速度远远大于利润增长速度，即创造利润的能力下降了；销售额上去了，但成本失控了。创造了利润，却没钱花，最终倒闭，例如德隆，有上千亿元资产却发不出工资。为什么？管理不到位！没有认识到利润不等于现金。

如果一些企业比较幸运，或者管理工作做得比较好，取得了一定利润，那么它的价值最大化就实现了吗？就体现了企业的价值了吗？只有利润没有现金的企业在资本市场是没有价值的。

企业也一样，要实现企业价值最大化，就要把产品拿到市场去卖，尤其是高端市场。什么是企业的高端市场？股票市场。这就是为什么那么多企业拼命地要上市。

所以说，一个优秀企业家要转动两个轮子：企业管理（商业之道）——练好内功，资本运营之道——借助外势。只有内外两个轮子同时转，而且转得比较好，才算一个优秀的企业家。

　　企业真正的管理之道在于管人，而以情动人才是智慧的管理者。简单地说，就是企业家如何将合适的人放到合适的位置，这就是人力资源管理的精髓所在。选对了人，会给企业节省很多成本。把一个优秀的人才放到合适的位置，人尽其才。否则，留不住人。留人与管人有相似之处，管好人才能留住人。二者也有不同之处，不同企业有不同的留人方式：感情留人，事业留人，待遇留人。企业处于不同阶段，不同的企业采用的留人方式不同，但任何企业都需要这三者。

　　小企业或者初创期企业有可能一开始要用感情留人。感情有好多方面，但要让员工感觉有好的企业文化，有人情味，当然人情味不是家族式的人情味，而是要让员工感觉到温暖，愿意追随老板。

　　企业管理和资本运营是一个综合的话题，归结一点，就是企业家如何使得企业价值最大化，是一个核心话题。如何让企业价值最大化，要从内外两个角度。内就是企业运用好管理手段，让企业产生最大化的利润。另外就是运用资本运营，去借势，拿别人的钱创造自己的利润。在创造利润之后，让利润到资本市场上去议价，发挥更大的价值。

第七章 平台生态圈：实现资源、资本、智本的高效完美对接

商人，不是你有能力你就挣多少钱，而是你有什么样的模式就能挣多少钱。企业家就是战略家，战略家就是选择家。选择比努力更重要。

成功的平台并非仅提供渠道和中介服务，精髓在于打造完善、成长潜能强大的"生态圈"，平台连接的任意一方的成长都会带动另一方的成长。对多种业务价值链所共有的部分进行优化整合，从而成为这些业务必不可少或最佳选择的一部分，这种由价值链的部分环节构成的价值体就成为了一个平台。基于平台战略而形成的业务结构，可以让企业有效摆脱多元化和专业化之间的矛盾和游移，形成一种兼具稳固性和扩张性的业务战略。

一、平台的战略价值

近年来，平台商业模式的快速发展，正在不断改变现代人的生活，也在商业竞争中扮演着重要的角色，同时平台商务的创新出现在各种产业中。平

台商业模式，是把供需结合放在了同一平台，通过科技手段提高生产效率，使消费者的价值需求得到了更大满足。因此，组织转型平台模式要充分运用互联网精神，发展共赢生态圈，从竞争到协同，把竞争对手变成合作伙伴。

平台商业模式的精髓，在于打造一个完善的、成长潜能强大的"生态圈"。它拥有独树一帜的、精密规范的机制系统，能有效激励多方群体互动，达成平台企业的愿景。综观全球许多重新定义产业架构的企业，我们就会发现它们成功的关键——建立起良好的"平台生态圈"，连接两个以上群体，弯曲、打碎了既有的产业链。

企业巨头都有一个梦想，希望一家通吃，垄断一个行业，以自己为核心构建一条完整的产业链。这种竞争模式以微软、英特尔、诺基亚等为代表：靠本身的强大实力——全球品牌网——聚拢上下游周边厂商，形成一个庞大的产业链与对手作战。但是，互联网上的开放平台正在颠覆这种模式：平台如同一片肥沃的土地，将第三方开发者团结在一起，发挥开发者的聪明才智，提供各种各样的应用，同时又给平台带来充足的营养，使土地越来越肥沃，面积也越来越大。

平台的战略价值是一种潮流。

有个老板，他给很多楼盘提供物业服务。简单的物业是帮助楼盘打扫卫生，提供保安服务，但是他服务49万个楼盘。他在传统的物业之外还为居民提供家政服务，为整个楼盘提供农产品销售，在小区里做电视屏，给每家通网络，把网络电商的概念引到每家。

有三家卖大米的公司，第一家公司有本事，把大米送到中南海去了，第二家公司卖到全国，第三家公司的大米也很好吃，但它没有品牌。第三家公司原来走超市渠道，进价是每500克1.5元，但是超市一包装每500克卖5元，差不多3元的利润被超市拿走了。和第三家公司谈好后，这个老板每

500克加0.2元把它拿过来，再加0.1元的运费，1.8元直接放到社区。大家看得到大米，可以拿回家品尝，尝了觉得好肯定会来买。因特网上是陌生销售，他们是熟人销售，信任感建立起来了，一个新的社区服务和销售体系就建立起来了。

他们现在建立了一个基于电商网的人网和基于人网的资本网。综合起来，资本网、人网、电商网，再加物流网，四网合一会建立一个把马云的阿里集团都干掉的行业。马云只做到了电商网，他最缺的还是人网。像这种对社区的改造，从保安到保洁，在保洁之上加家政、养老，加各种东西的销售，就是一个新的商业模式——社区综合超市服务平台（不是传统的只卖东西的超市）。这个模式是可以在每个小区复制的，这可是未来的朝阳产业，因为房产建成之后，迫切需要社区综合服务商。

平台思维是当前最先进的，构建好了平台，什么事都可以在上面做。现在，你有产品、资金、技术、人才，但这些都只是一个方面，需要在平台上综合运作，才能产生效益。微软在视窗系统上做平台，电商网站是做平台，各种APP软件都是平台。低手过招，高手论道。一种思想和观点有价值，不仅现在要有用，将来更要发挥作用。研究商业模式，最起码要知道现在人关注什么，高手在关注什么。这样，你走上更高的领导岗位的时候，至少内心有一种自信。明白了商业模式是一种工具和思维及商业模式与企业发展的关系，你就比很多人更有格局。

一个强大的平台，加上数量众多的第三方，共同形成一个强大的生态圈，正在成为当前新的竞争规则，总体来讲一定要具备平台化思维。其实，每个开放平台都在通过不断完善规则，扩大自己的生态圈。

最初，IBM把微软引进个人电脑中来，但很快发现，随着PC的普及，微软公司反而赚走了更多的钱。一开始，微软只是作为IBM产品的一个互补者。但通过个人电脑，微软自己搭建出一个完整的平台，成了电脑软件这个行业的平台组织者，所有的电脑应用程序，都要通过 Windows 系统来运行。

有这样一种商业模式，当某种产品或服务的使用者越来越多时，每一位用户所得到的消费价值都会呈跳跃式增加。例如电话、传真机、QQ、网上社区、微博通过使用者之间关系网络的建立，达到价值激增的目的。

我们把这种商业模式称为平台战略。

在这个以平台为中心的产业当中，平台的参与者越多，平台价值越高。换句话说，上网的企业越多，百度越有价值；上网做贸易的公司越多，阿里巴巴越有价值；用 QQ 的人越多，腾讯越有价值……

星巴克在美国 7 个城市推出了一款名为 Mobile Pour 的移动应用服务，支持消费者通过手机定位发送自己的咖啡订单。星巴克将根据订单信息，派专人将咖啡送到消费者手里。

星巴克官方网站信息显示，Mobile Pour 应用能让星巴克店里的咖啡大师踩着滑板车来到消费者身边。消费者通过在智能手机上安装 Mobile Pour 应用，可以随时下单订购自己所需的星巴克咖啡，星巴克将在每平方英里的范围内安排两名咖啡配送大师，以最快的速度为消费者配送咖啡。

星巴克把这个场景制成了一个网络视频广告：一位在路上走着的中年男士突然想喝咖啡，他通过星巴克的 Mobile Pour APP 应用程序，允许星巴克知道他所处的位置，点好自己想要的咖啡，然后继续赶路，不一会儿一个星巴克服务员就踩着滑轮车给他送来一杯咖啡。

传统企业要做出用户接受的应用，一定要有创新思维。2015 年，耐克开发了一个和鞋子毫无干系的应用——Nike Training Club（NTC），它是一个体育训练应用，向使用者提供个性化训练方案、训练指导音频和疑问解答。

这个综合性的训练应用程序是以世界级的运动选手为灵感，并由专业教练群研发，它将耐克多年的训练研究和专长集结成一个个人化的体验，用户只需按照详细的指示，按部就班地进行训练，就可能实现成果。NTC 虽然不能直接给耐克带来收入，但却可以更贴近用户，通过这个应用可以向更多用户传播耐克的理念，传递品牌的影响力。

其实，除了星巴克、耐克、渣打银行、招商银行等传统企业之外，像南航、海航、优衣库、奥迪汽车等都已经在开放平台的领域做了很多探索，而互联网应用带给人类生活品质的飞跃，就像 200 年前蒸汽机的发明带给全世界 200 年的工业文明发展，100 多年前的人类懂得驾驭和运用电力一样，目前是开放平台的时代，对于传统企业也意味着新的机会。

我们最初研究平台中国也是沿用这个思路。利用自身的客户资源和伙伴合作关系，真正打造一个属于自己的平台，在这个平台上，既能融资又能寻找项目，然后还可以帮助小微企业实现上市的梦想。平台的战略价值就在于此，不是我们做不到，是我们想不到。只要能认识到平台战略的价值，那么实现产业再造和资源共享就是水到渠成的事情。

图 7 - 1 平台共享能使人人都有号召力

二、智力资本共享 + 资源共享

有戏言称，三个臭皮匠赛一个诸葛亮。这说明什么问题？就是思维碰撞可以产生火花，一个企业的运营思维加上一个人的思维，就会产生新的点子。不容置疑，一个"知识 + 智慧 = 财富"的财智时代已经向我们走来。传统的企业经营依靠三种资源，即土地、劳动和资金（金融资产和其他有形资产）。随着社会的发展，出现了企业经营的第四种资源，也是更为重要的资源——智力资本。在这样的时代，谁更善于利用知识的力量，谁就能赢得竞争优势。这样的平台，既能找到人，又能找到钱。

找钱和找人是横在企业面前的两座大山，在找人方面，太多企业被传统方式禁锢了，认为只有找合伙人、全职雇佣才算是组建团队。但这种方式对于很多初创项目来说，模式太重，有限的成本应该合理搭配，并不是一味地找牛人、找 BAT 就是对的。

未来的企业会更多地采用社会分工的形式运行，以自身长板整合社会资源的长板进行轻资产经营和扩张。这可以说是企业采购外部智力，弥补自己的资源短缺、技术短缺和能力短缺，从而通过搭建小而轻的扁平化团队进行轻资产创业，让有限的成本发挥最大的价值。

在资本共享、资源共享方面有一个很好的例子：

国内有这么一家车行，将国外的汽车银行俱乐部与中国民间的互助会两种形式混合，凭借"比租车更便宜，比买车更方便"的理念，帮助工薪族实现了用车的梦想。这个车行开在长沙，名叫"好邦客"。

　　"好邦客"庞大的潜在消费群是想拥有座驾、无奈囊中羞涩的工薪族。他们只要办理入会手续，到指定银行缴纳 15000 元保证金并办理储蓄卡就可以成为会员，按正常程序享受租车服务并按使用时间、所付费用累计积分。积分达到一定程度就可从"好邦客"拿走一辆相应型号和相应新旧程度的车辆。"好邦客"还以托管、储蓄等方式吸纳二手车。二手车储户存入车辆后即为"好邦客"会员，并可以随时使用"好邦客"的任何车辆。托管车辆在托管期满后可以按约定取回车辆，享有托管收益，并可获得车辆使用费 30%的现金返还。

　　凭借 20 万元的启动资金，"好邦客"现已成为盈利 3000 万元的地方特色车行，它成功的关键就在于用少量的资金撬动了汽车租赁、汽车销售和二手车交易的联动消费市场。

　　"好邦客"模式的搭建就是把各个领域的资源整合起来。

　　第一，搞定了商业银行。当它们仅有 20 万元的时候，就开始与银行谈判，"好邦客"给银行开出的诱惑条件是：①"好邦客"将 20 万元作为风险保证金，合作期内永远放在银行，不动用；②"好邦客"的会员开户时，每个会员交纳 15000 元开户保证金并存入银行，一直不动用；③"好邦客"的每个会员都在银行办一张储蓄卡，由银行在"好邦客"服务中心安装柜员机，委派两名工作人员在"好邦客"监督刷卡。"好邦客"会员租车消费后，会员的消费款刷卡转入"好邦客"的账户之后，由银行监控，未经银行同意，"好邦客"无权动用，该笔资金原则上用来偿还银行开出的到期的承兑汇票。

　　"好邦客"只有一个条件：银行定期向"好邦客"的汽车供应商（即汽车工厂）开具半年至一年的银行承兑汇票。此模式能化解银行的风险，一切商业活动和资金流向均在银行的掌控之中，而且银行有两大收获：一是增加了银行的存款余额，二是开具承兑汇票有一定的手续费和利息收入。于是，银行成了"好邦客"模式的积极推动者。

第二，跟汽车生产厂合作。"好邦客"开始了与上海大众、广州本田等汽车生产工厂的谈判，"好邦客"让银行开具6个月至1年的银行承兑汇票，并且银行承兑到期前的正常贷款利息由"好邦客"支付。汽车生产厂一算，也没吃亏，而且生意也不好做，也就爽快地答应了。

第三，接连消费者。就凭"比租车更便宜，比买车更方便"的理念，搞掂消费者相对来说要容易得多。没有大张旗鼓的宣传，"好邦客"在《长沙晚报》做了一个开业广告，开业第一天就来了几千人，500多人办好了入会手续。

第四，管理内部。"好邦客"搞掂自己就是要制定从入会、租车、送车、验车、刷卡转账、过户手续办理等一整套规章制度和服务手册，并在实践中加强流程控制。

通过四个步骤，"好邦客"形成了独特的商业模式，为企业创造了巨大的财富。

"好邦客"模式中最核心的逻辑是较好地利用了银行的信誉。银行的加入是"好邦客"成功的关键，因为银行为这个模式提供了信誉保障。汽车经销商通过银行信用作保证，把消费者和汽车生产厂家联结成一个链条，四者通过链条的转动达到互助、互惠、互利，同时又将四者的投资风险控制在最低限度，形成了相互依赖、相互制约的生产、经营、金融、消费链条。

可见，资源整合和智力共享是一个平台上真正的多方受益的运作模式。

"好邦客"模式创造了一种中国特色的信用消费，并且是一种可以大面积复制的商业模式。如果将"好邦客"商业模式在时间和商品种类上广泛推广，建立电信、家电、房产、汽车、高尔夫、游艇等大宗消费品和奢侈品的消费银行，对激活消费需求具有十分重要的意义。"好邦客"商业模式变单纯的"储蓄未来"为"投资和消费未来"，变"未来潜在需求"为"现实需求"。

图 7-2　资源和价值共享

企业的核心竞争力是一个多要素的集合体，但又表现出鲜明的个性特点。竞争对手不具备、学不去、偷不走、买不走，同时可以达到资源整合。就是通过低成本的形式，将企业的资源、社会的资源最大化地产生效益，资源整合实现 1+1>2 的效应，让社会资源最大化利用，避免浪费，是一件非常有意义的事情。

企业如果能够发挥自身优势，对企业内外部进行资源整合，实现"1+1>2"的资源最大化，那么也必将能够在残酷的市场竞争中获胜。资源整合的重要原则就是，通过两方或以上的商业体建立资源互补，实现互惠互利及资源的最大优化。

三、商业联盟的创富思维

想要创富，就必须加入富人的圈子。面对如今的经济低迷期，战略联盟已是大势所趋，抱团取暖，以互助的形式，齐心协力度过经济严冬方为上策。选择合作的对象，抓住合作的机遇，通过诚信共赢商业联盟达到珠联璧合，实现互利共赢，不仅有利于提高商家核心竞争力，更有利于商家的持续发展，做大做强！利用联盟式营销和网络优势，突破传统商业模式，形成商业联盟，渡过金融危机并在未来的商业发展中找寻更多的商机。

多种多样的"牛人大杂烩"为企业间"擦出火花"提供了可能，但其组织性、针对性并不强。相比之下，对于把"他乡遇故知"看成人生四大喜事之一的中国人而言，地方商会内的各成员团结得更为紧密。以浙江商帮为例，其每年举办浙商年会、浙商投资年会，企业可以直接带着项目来参会，年会直接为企业创造合作的机会。

圈子里面还有圈子，马云作为浙商的代表，其身边也有一个浙商圈。2006年，马云、冯根生、沈国军、宋卫平、鲁伟鼎、陈天桥、郭广昌、丁磊八位浙商共同创办江南会，被称为杭州最高档而又最低调的会所。马云因江南会而和鲁伟鼎成为好友，而鲁伟鼎正是大名鼎鼎的鲁冠球之子，马云还向鲁伟鼎介绍了华谊，鲁伟鼎在马云投资华谊的第二年入股华谊。

如今，以地域划分的商帮正在复苏，山东商帮、苏南商帮、浙江商帮、闽南商帮、珠三角商帮成为了中国五大"新商帮"，并且有越来越多的商人开始按照地域为自己定位，冠以"新×商"的名号。商帮和财团的距离越来越近，如今提到商帮，很多人会自然地联想到财团，但商帮与财团存在着诸多不同。中国的商帮以人际关系为核心，并期待以此拉动企业之间的合作，这种合作多是点对点的，并没有形成系统。而与松散的、更像一个"圈子"的商帮相比，财团中的企业则通过持股等方式真正联系在一起，荣辱与共。资本通过聚集实现更大的价值，日本和韩国的财团在其经济中扮演着重要的角色。日本的财团脱胎于"二战"前的日本财阀体制，彼时的财阀采用以家族为中心的金字塔式垂直管理，主办银行提供资金，综合商社负责贸易，为财阀里做实业的公司提供资源。"二战"后，美国人认为财阀体制是战争的根源，于是财阀被解散。20 世纪 50 年代初，日本的企业又重新聚集在一起，原来的家族关系变成了相互持股关系，形成相互关联的球状结构，拥有完整的产业链。目前，在日本比较著名的大财团有三菱、三井、住友、富士、三和、劝银六大财团。中国也曾试图模仿日本、韩国进行财团的尝试。1994年，国务院批准中化公司在全国进行首家综合商社试点，而一直处于垄断政策喂养之下的中化公司无法适应这种变革，集团管理混乱，负债严重，在 1997 年的亚洲金融危机中濒临崩盘。1998 年开始，中化公司对业务进行梳理，如今在能源、农业、化工、地产、金融五大领域布局，已经有了财团的影子。除了中化集团，国有的中信、光大等大型集团的财团雏形也已经显现。

2004 年，温州开始了商帮财团化的尝试。中瑞财团和中驰财团相继成立，两者分别由 9 家和 7 家企业联合发起，希望能够整合温州民间资本。财团刚成立便引来了其是"炒房团"升级版的质疑，两者均回应称将建设涉及房地产、实业、金融的综合性财团。但最终，两家财团都与房地产结下了"不解之缘"，并且现在已基本名存实亡，而之后在温州成立的港瑞财团，也只能查询到其旗下的房地产项目。不管是生不逢时还是其他原因，温州商帮的财团化尝试与其最初设想的蓝图相去甚远。

事实上，为突破单家企业的局限，中国的企业一直在尝试通过多种形式"抱团"，这些联合体的紧密程度、表现形式不一，而参与者"各怀心思"，权力分散，缺乏实际控制人等成为资源整合的障碍。2004 年，60 多家温州企业组成温州家具集团，但仅一年后，其便由于一个家具生产基地建设项目的矛盾而解体。2008 年，河北省 27 家民营钢铁公司合资成立长城钢铁集团，但两年后，各家也分道扬镳。

——若干年后你在哪个商帮、哪个教派、哪个生命体？是他转还是自转？这也是我们做企业要考虑的问题。

商业联盟伴随着市场经济的产生而产生、发展而发展，是市场竞争的必然产物，也是维护正当市场竞争和有序市场秩序的社会组织形式，是整个市场经济运行系统中不可或缺的中间环节或者说中间层次。它比政府更加接近企业特别是中小企业，更熟悉企业界出现的问题和困难，能够在政府的利益与企业的要求之间做出平衡。它不是一个行政管理机构或执法机构，因此能更加灵活地做出决策，给中小企业提供及时的帮助或援助。

商业联盟中的异业结盟

在商业联盟中，不仅有垂直领域的联盟，更好的联盟在于异业联盟。

异业联盟是指各行业、各层次的商业主体之间，为了共同的利益，通过一定的组织机构或网站形式，组成的商业联盟。异业联盟的各商业主体之间相对独立，同时，各商业主体之间又存在一定的利益联盟。因此，异业联盟是一个相对紧密、资源共享、利益共存的联盟。

异业联盟似乎是个陌生的概念，但是它在国内存在的时间却并不短。银行和通信企业发起的消费性异业联盟，网络与普通商家建立的商业平台等关联或者非关联行业之间的合作，都属于异业联盟的范畴。

随着商业的发展，市场竞争越来越残酷，可谓白热化。大品牌、大商家逐渐形成垄断市场的格局。各个行业都是如此。第一品牌和第二品牌主宰着整个行业。大量的小商家、小企业、小品牌的生存受到巨大威胁。为了打破这种局面，小商家、小企业必须联合起来，积众弱为强，共同对抗大品牌、大商家的冲击，由此，异业联盟应运而生。

下面分析一个异业联盟的案例：美容院＋酒店。

某美容院在县城小有名气，其不论店内环境设施还是技术服务在当地都属一流。但经营了快一年，店主发现居然没赚什么钱，其间虽然不断加大投入，但稳定的100多位客人也未见有明显增长。要赚钱，得先有客源，无法解决客源的问题，让店主困惑不已，于是其开始通过寻找异业结盟来搭建客源与美容院之间的桥梁。

一、准备阶段

美容院制作了一套精美的美容院画册，图文并茂、内容翔实，包括美容院简介、经营者简介、服务项目、硬件设备、店内环境、美容师资质、经营品牌、收费水平、顾客结构层次及消费水平、在区域内的影响力等，尽可能地表述自身的资源优势。

绘制了详细的"区域资源地图"，即以美容院为圆心，以500米、1000米、2000米为半径画图。在地图上按实际位置分布，标示主要街道及一些主要企业，如珠宝首饰店、医院、银行、酒店、健身中心、百货超市、婚纱影楼、保险公司等，对之一一进行分析，并做好每个单位的资料档案。

根据资源地图，参照美容院自身实力、区域覆盖力、院内顾客情况以及与本院的关联性，筛选准备结盟的目标客户，同时按照重要程度和可行性对目标客户进行了分级，制作了拜访的时间表。

美容院还结合目标客户的不同特点，找到关键人物以及相应的中间人，制订了不同策略的洽谈方案。经过详细考察，该美容院找到了当地最大的一家餐饮企业——格力大酒店，通过中间人牵线、双方沟通互访以及给酒店女性高层赠送 VIP 年卡后，双方达成了结盟共识。

二、实施阶段

美容院之所以和酒店结盟，主要是想以"他山之石"来攻"玉"，借助酒店在县城里良好的名望和影响力达到宣传自身的目的，同时还可以分享其资源平台，吸纳新客源。而酒店看中的是美容院顾客群体中的一部分政府官员以及双方合作后的宣传炒作。

其具体实施方案如下：

（1）VIP 贵宾卡的互通：持美容院的 VIP 卡可在酒店享受 9 折优惠，特价菜、包席和酒水除外；持酒店的 VIP 卡可在美容院享受 8 折优惠，特价项目和购买产品除外。VIP 卡的互通搭建了双方最基本的资源平台。

（2）宣传推广方面："造势"有时候比做事更重要，尤其在县城里，结盟对双方来说都是一个可以炒作的宣传热点，于是双方联手推出了一系列宣传活动。由于费用共摊，效用共享，所以花费不多，而且好好的火了一把。

1）共同出资在县电视台做了一个月的电视广告，发布结盟信息。

2）双方在各自的门口挂上了联盟企业的牌匾。

3）印制了一批 DM 单，宣传双方为此次结盟而推出的一系列优惠活动，由酒店负责派专人在全县派发。

4）酒店在门口广告栏中给美容院一个专栏，允许其建立美容专版，可以发布有关饮食与美容、保健与养生的知识软文以及美容院的简介和动态信息等，作为回报，美容院在本院临街门面前为酒店也做了一个形象路牌广告。

这样互为宣传窗口，扩大了宣传面，大大促进了客源之间的流动。

5）美容院协助酒店创办了《健康美食》月报，倡导绿色美食，营养美食和健康美食。而在《健康美食》月报中，美容院专设的"饮食与美容"专家讲座栏目，则深受女性食客的欢迎，大大提高了双方的口碑。

6）美容院给酒店提供了一份美容菜谱，由酒店负责制作。依据此美容菜谱，美容院用高档的彩色铜版纸印刷制作了专门的"美颜菜单"，附在酒店的原菜单后面，包括美容菜品、美容靓汤、滋补粥品和美颜茶品四大类，既有精美图样，还详细介绍了每种美食的美容功效。比较巧妙的是，在该菜单的眉脚处用阴影标注"以上美容食谱由美容院荣誉提供"的字样，这样既没有喧宾夺主，又抓住了女性顾客注意细节的心理。由于女性在饭桌上通常都是先点菜，容易先看到色彩艳丽的菜单，又是礼节上的被照顾方，所以只要有女性顾客的酒席上，基本都会点上几个美容菜肴。这样精心的设计，很好地把握了消费心理，不仅给酒店创造了新的利润增长点，更显著提升了美容院的美誉度。

（3）联合推广美容食疗节：美容菜单的推出，在当地的餐饮界和美容界的反响很大。于是双方借势发力，又策划了当地第一届美容食疗节，以"健康的美食创造美"为主题，弘扬饮食与美容的交融文化，将此次结盟活动推向了高潮。经媒体大肆宣传后，美容院声望大涨，又扩大了其在当地美容业的影响力，更赢得了美容行业中竞争对手的尊重。

（4）联合促销活动的推广：通过美容食疗节，美容院和酒店开展了一系列的联合促销活动，如兑换券的互通使用。顾客凡在酒店消费100元，均可获赠美容院的30元美容现金券，同样在美容院消费100元，也可获赠酒店的20元现金券。双方为此制作了专门的现金兑换券，制定了详细的兑换制度。这样的促销活动让客人觉得既新颖又实惠，双方都达到了促销目的。美容院一时间增加了不少新客人，而新客人在感受了美容院的服务后，很多都办了卡，成为了稳定顾客。而且，酒店在店内促销抽奖和老客户的答谢礼品中都使用了美容院的产品和服务，双方也是各得所需，酒店节约了成本，美容院也提高了销量。

就异业联盟本身，我们所见的失败案例也不少，往往由于联盟成员各自心怀自我，导致联盟出现了实质上的联而不盟，所以，对于异业联盟，笔者认为，应当是能够真正建立起紧密的关联关系，从根本上保证行动的一致性，这样方能取得最后的成功。所以，笔者认为，异业联盟，真盟才能赢长远，真盟才可以获得未来天下！

图 7 - 3　商业联盟

在异业结盟方面，我们的团队和平台已经率先走出了一步，我们平台上的企业由于资源共享，做餐饮的企业可以通过我们嫁接农业企业合作，我们的项目鸦胆子基地就是这方面的典范。做教育的企业可以和我们的户外探险、逃生馆实地体验结合等，因为行业不同，资源的融合会更新颖与跨界，双赢的同时思路也能进一步拓展。异业联盟是一种需要通过异业互动并产生异业共振才能最终达成最佳的异业共赢的商业模式，只有充分理解并真正执行，才能达成真盟，联盟才能共赢长远！

四、借力融资，从产业向资本蜕变

面对企业，笔者总爱问他们几个问题：

（1）企业经营过程中过去因为资金匮乏错失了多少次机会？向几个银行贷过款？认识几个行长？对银行的政策了解多少？知道什么是低成本、零成本、盈利性融资吗？

（2）回顾过去人生中每一次跨越或改变受什么人影响？受什么观念影响？

（3）假如未来在经营中能够得到银行、政府、工商税务、协会、同行、大量优质人脉、上下游资源等的支持，企业经营有没有提升空间？过往可有经营？知道怎么合理有效经营吗？

（4）企业目前经营是否轻松？有没有瓶颈？最终走向何方？人的问题、资本问题如何解决？你人生的未来动力是什么？

（5）如果钱不成问题，那么投资是否利益最大化了？知道系统的价值吗？面对未来经营有安全感吗？

（6）身边是否已经有足够多有能量、有智慧的朋友支持你未来的成长？

（7）你有优势让风投给你钱吗？你缺什么？很多人一辈子没有想清楚这

个问题。他凭什么给你？这个一定要理清楚。那么我们在一起能做什么？这个问题解决的是我们怎么利用互补的资源。举个例子：

学生 A 跟我说："老师，我有 5000 万元，你告诉我应该怎么办？"我说："你有什么要求？"他说："老师，我这 5000 万元存在银行，你别给我动。"我说："你能把这 5000 万元的存单给我吗？名字不变。"他说可以。拿到存单后，我找到 B，他拿这个存单到中国香港做抵押，贷出 5000 万元。中国香港的贷款利率比中国内地低。我拿着这 5000 万元到意大利去找 C，在意大利给 A 买了个酒庄，还在意大利申请到两个以上的移民资格。买了酒庄以后，C 把酒庄抵押给意大利银行贷出 5000 万元，贷款利率比中国香港还低。我拿这 5000 万元买成红酒和橄榄油运回国内，交给 A 去卖。结果他一卖，赚了，5000 万元变成了 8000 万元，赚到了 3000 万元（利率忽略未计），剩余了 5000 万元从中国香港拿回了存单，又去意大利赎回了酒庄。到最后 A 得到了什么？3000 万元的利润、一个酒庄、外加两个移民的机会。

这是一个典型的"空手套白狼"借力融资的过程，但我并不认为好，因为现在这样的机会不多，还有一种模式就是通过平台，利用众筹模式，即大众筹资或群众筹资，由发起人、跟投人、平台构成，具有低门槛、多样性、依靠大众力量、注重创意的特征，是指一种向群众募资，以支持发起的个人或组织的行为。一般而言是通过网络上的平台连接起赞助者与提案者。

该筹资方式的特点：

（1）低门槛：无论身份、地位、职业、年龄、性别，只要有想法、有创造能力都可以发起项目。

（2）多样性：众筹的方向具有多样性，国内众筹网站上的项目类别包括设计、科技、音乐、影视、食品、漫画、出版、游戏、摄影等。

（3）依靠大众力量：支持者通常是普通的草根民众，而非公司、企业或风险投资人。

（4）注重创意：发起人必须先让自己的创意（设计图、成品、策划等）达到可展示的程度，才能通过平台的审核，而不单是一个概念或者一个点子，要有可操作性。

（5）众筹不是捐款，支持者的所有支持一定要设有相应的回报。

这种模式的兴起打破了传统的融资模式，每一位普通人都可以通过该种众筹模式获得从事某项创作或活动的资金，使得融资的来源者不再局限于风投等机构，而可以来源于大众。众筹在欧美逐渐成熟并推广至亚洲、中南美洲、非洲等发展中地区。

众筹自身的低门槛、多样性等特点，可以让互联网金融不再是"高富帅"的专利，使得众多草根投资者能加入互联网金融的大潮中来。通过融入更多碎片化的资金和更加方便的理财环境，让更多普通人加入理财大军，拥有互联网金融和实现梦想双重元素不仅让更多的人有了实现梦想的机会，同时也让更多的人能够成为投资者，得到另外一种收获。

众筹模式兼具金融元素与梦想元素于一体，对于那些难以在传统金融机构以及普通互联网金融机构获得资金支持的项目，例如艺术创作、自由软件、设计发明、科学研究以及公共专案等都可以在众筹的网络平台上获取资金支持，从而实现了真正意义上的项目落地和产业资本化。

中国的众筹市场必将被逐步引爆，掀起另一个互联网金融的热潮。众筹平台的想象空间巨大，可以演变出各种商业模式，具有巨大的商业价值。无论对投资人还是对创业者，众筹都是未来的潜力股，在所有互联网金融的商业模式中，笔者认为，众筹对中国经济发展的正面意义最大。众筹带来的不仅是投资收益，更重要的是其可以为创业者提供支持，发挥创业者优势，支持新兴创业势力，推动社会经济发展。

众筹的种类很多，从产品的收益角度可以分为产品众筹、债权众筹、股权众筹、公益众筹等。我们抛开产品收益，从对社会产生积极意义的角度出发，介绍一下众筹可能出现的商业模式。

图7-4　借力融资，联手天下

不管什么种类的众筹平台，概括起来有以下四个重要意义：（1）产品重生的舞台。有了众筹平台，创作者可以向投资者和消费者展现他的才华和产品，优秀产品不会被轻易抛弃。设计师可以将自己的设计放到众筹平台上接受消费者的检验，如果其作品真的得到大家的好评，具有市场，设计师可以通过众筹平台轻易汇集资金，找到厂家来生产。生产者和消费者都可以来源于众筹平台，这个众筹项目不仅可以为投资者和生产者带来收益，同时还可以实现设计师的自我价值。

（2）高科技产品推广的平台。人类社会即将进入场景时代，借助于移动设备、传感器、大数据、社交媒体、定位系统五大原力，人类的生活轨迹和社会行为都将数据化。可穿戴设备、各种类型传感器的出现必将带来一次产品革命，由于其市场巨大，很多厂家都投入资金进行开发。可穿戴设备需要大量用户进行测试，进行产品功能和外形的改进。

高科技产品利用众筹平台进行产品众筹是个双赢的模式，既有利于企业产品的宣传，又有利于众筹平台知名度的提高，如果良性发展下去，市场空间巨大。国产的高科技产品众筹市场还在发展中，众筹自身的商业模式也没有成熟，急需一到两个项目来引爆这个市场，高科技的可穿戴设备应是一个最好的引爆点。

（3）艺术家的大众经纪人。艺术家成长的道路艰辛苦涩，面临着内部和外部的压力，如果没有用户的支持，很多艺术家会半途而废。有的人可能会屈于某种压力，放弃自己的个性，丧失艺术家的独立性，成为模子化的庸才。

借助于众筹平台，艺术家完全可以向社会展示其艺术作品，无论是雕塑也好，油画也好，工艺品也好。独立的艺术家可以通过众筹平台募集资金来办展览或生产，借助于众筹平台，艺术家不但可以展示自己的才华，得到用户的认可，还可以通过平台听取广大用户的建议，对自己的艺术作品进行再次创作，寻找新的灵感，升华自己的作品。众筹平台带给艺术家的不仅是资金的支持，而且是更多用户的支持和鼓励。用户完全可以通过众筹平台来帮助艺术家成长，成为艺术家的大众经纪人，同时获得资本收益。

目前国外的一些众筹平台已经通过画展筹资、艺术讲座、工艺品生产等方式帮助艺术家创业，其成功的商业模式吸引了大量的用户，并获得了较好的效果。

众筹平台不仅打通艺术家和客户之间信息的通道，同时也借助于平台让人人参与艺术创作，吸引大量的艺术家和用户，增加客户的黏稠度，形成用户规模，提升众筹平台的用户价值。

（4）社会企业和慈善事业的新平台。过去几年，中国的慈善行业以社会捐款、政府统筹的形式走向社会企业和个人独立发起慈善活动，出现了各式各样的慈善平台和方式，例如李连杰的壹基金、浙江金华的施乐会、腾讯公益等。众筹平台的自身特点，使其很适合发布慈善活动，实现我为人人、人人为我的目标。公益慈善事业可以帮助更多需要帮助的人，实现社会的和谐平等。

借助于众筹平台，可以发起多种形式的慈善活动，包括钱款捐助、衣物捐赠、义务支教、技能培训、产品销售、公益培训等。众筹平台的透明性较强，专款专用，有利于提高慈善活动的透明度，同时也有利于大众进行监督，平台可以收集慈善获益方的反馈，推动慈善事业的扩大发展。众筹平台也可以作为社会企业产品和服务的展现平台，帮助社会企业进行产品推广，增加人们对于社会企业的关注，支持社会企业的发展，同时众筹平台也可以提供资源整合，为社会企业发展提供良好的环境。

> **商道纵横智慧：善行善念，合作共赢是最好的商业模式。**

> 境界提升了，思维水平自然就提升
> 良性循环模式，必有良性循环动力

"商业模式是企业为了最大化企业价值而构建的与其利益相关者的交易结构。"该定义明确指出了，构建商业模式的企业需要"照顾"其利益相关者的利益，毫无疑问，这样的交易结构是奔着"皆大欢喜"的结果而去的。

然而，需要指出的是，一个好的商业模式要杜绝一种临时的"利益苟合"，而要成为一种可持续的真正的"共生、共荣、共享"的共同成长。从这个角度看，笔者可以做一个大胆的预言，凡是不符合这一要求的商业模式，不管眼下多么风头正劲，都必将是"过眼烟云"而"转瞬飘零"。

正是基于这样的判断，笔者认为商业模式是一种"存在结构"。从存在论上讲，"存在"就是积极地走出自我，创造性地与他人相处并实现彼此的"增值"。而"存在结构"则是基于这样的特征，在众多个体之间结成"意义联结体"。因此，以"存在结构"定义商业模式，更有利于从构建商业模式伊始就提醒企业，在围绕商业模式创新而突发奇想时一定要"抑恶扬善"，从而在综合研判各利益相关者所掌握资源与能力优劣的基础上，找到同时推崇优秀价值观、激发美好人性并能释放最大价值潜力的"最大公倍数"。

商业的境界就是人性中最善的部分，善念才能激发善行，从而推动思维的良性提升，从而建立一个良好的商业模式。实现盈利是良性的循环盈利。

好的商业模式具有某些共同特点：与企业目标和资源一致、能够自我强化战略定位、能为企业带来活力。最重要的是，成功的商业模式能够产生具有自我强化能力的良性循环，能不断增强企业的竞争优势和战略定位。这是商业模式最具影响力的一个方面，同时也是最易被忽视的一个方面。

好的商业模式可以激发人性中的"非善"因素：某些商业模式过分侧重对消费者贪便宜心理的激发，虽然一开始能够迅速积累起庞大的消费流量，但在这一点上，竞争者很容易模仿——"你便宜，我可以更便宜"，这样的流量来得快，去得也快。

对合作方的"蓄意"打压：有些商业模式通过利用多边平台中的一边打压平台的另一边，形成"劫富济贫"之势，虽短期内颇有成效，但终究不是各方得利，其结局一定不会美好。

在设计商业模式和制定战略时，不仅要考虑企业自身，更要考虑周围的环境。商业网络就像一个自然生态系统，企业的经营大环境是一个联系紧密、互为依赖的共生系统。未来的竞争不再是个体公司之间的竞赛，而是商业生态系统之间的对抗。明智的公司在制定战略时不应仅从自身出发，而应当顾及合作伙伴以及整个商业网络的健康发展。尤其是一个平台上的战略伙伴，更是要先让别人赢，今生我才能赢。

为什么笔者一直强调要善行善念呢？商业模式的好与不好其实就建立在这个上面。例如：

北京口碑互动是专玩舆情的网站，2013年10月17日，网站被公安部强行关闭。根据口碑公司总裁杨某、法人代表李某交代，公司2007年成立以来，除了为近50家大客户提供舆情监测、正面品牌维护外，很重要的一项业务就是通过信息网络提供有偿删除信息服务，每年公司营业额7000多万元。

网站删帖，不是什么秘密，哪家网站不删帖？网站发企业舆情，也不是什么秘密，哪家网站没有发？问题是，做企业舆情，非得上手段吗？黑金是钱，白银也是钱。虽然拿白银比挣黑金要少点，可落袋为安的钱，踏实。有人说，人无外财不富，别信这话，因为这是互联网，你藏不住什么秘密。如果你找到了盈利模式，却没把握只靠正道赚钱，那就洗洗睡吧，别赌！别有命挣，没福花。

所以，有盈利模式，还得走正道，不然你下半辈子就只能在监狱里啃窝头。

杨可以箴言

◆公司没有小事，放大了都是大事。

◆作为公司老板就是要把公共和私用分清。

◆经营企业就是一个字——干，面对困境要学的一个字就是忍。

◆企业的竞争力在于繁殖人才和培养人才的能力。

◆有两种人可以突围：一种是不屈服命运的人，另一种是什么都要赢的人。

◆当我们没有机会成为富二代的时候，却有了当富一代的机会。

◆我们都是在不断地自我否定中不断地自我超越。

◆人生很漫长，决定命运关键的就那几步，所以走对关键的几步，后面就能直通罗马。

◆人生的结局都是死路一条，所以人生的过程更重要。

◆人之所以会跟随你，就是希望从你身上得到他们想要的，想当领导人就要学会让人家占你便宜。

◆我讲的创业领袖孵化课程就三点：第一，会吸收、消化事物本质并转化为本事发挥出来；第二，借用、利用一切资源并整合为你所用，让价值最大化；第三，让所有创业者通过我们的平台一起创业合作，一起联盟干大事！

◆人生有三大风险：跟错领导人（几年青春废了），找错伴侣（几代人都完了），学错东西（死穴）。

◆只要你相信，你愿意为你认为对的事情去付出，你终有成就。

◆我希望我的培训教育与出现可以带给更多人福音。

◆碰到好平台、好机会、好导师、好姻缘，不好好争取，就是违背天理！

◆要做成一件事，必须要尽情投入，要成大事，必须进入感觉并持续的迷上它，这样你的智慧才会在此点上聚焦与爆发！

◆没有任何一场仗是没有计划去打的，但没有一场仗会完全按照计划去打，这说明做人做事要有规划，但关键要学根本与核心。

◆人之成功并非一定要经历坎坷才能获得，成大事也不是一定要受尽人间极苦方能成就，历经越多坎坷与苦难的人，只能说明智慧与德行修的还不够好！

◆思考企业的终极意义：企业为谁而存在？出发点是什么？存在的意义和目的是什么？什么是企业的魂？使命是我们要为顾客做什么，魂是顾客需要我们做什么，我认为互联网思维的核心是用户思维、参与及体验思维，所以我们的产品上市前必须从用户角度与用户体验出发，用户要什么，我们就卖什么，而不是我们认为的生产什么就卖什么。

◆通过一种教育传播方式，一种培训体验方式，直接把我们的产品印刻在员工、合作商和消费者的眼、脑、心、神当中去才是关键！因为一切购买欲都是教育培训的结果！如何让客户持续忠诚的购买产品？就要大范围高频率用各种方式持续"洗脑"、"洗心"！

◆如何让更多人不断紧跟集团？就是要不断地创造希望，要不断给别人希望然后实现希望，满足希望后再创造一个新希望！

◆什么叫人才，能做出业绩和结果的人。什么是道理，业绩就是硬道理。什么叫成功，功到自然成。什么叫工匠精神，初心不改，匠心如一。

◆无论成败输赢，但求步步精彩。

◆过去你是谁不重要，重要的是未来你想成为谁。

◆你无法决定明天是晴是雨，爱你的人是否还能留在身边以及你此刻的坚持能换来什么，但你能决定今天有没有准备好雨伞，有没有好好爱人以及被爱的能力。

◆在红尘中，坚持做一个清醒的人。在物欲横流中，坚持做一个干净的人。在众人都说人心叵测时，做一个坚信人性善良的人。

◆老天是公平的，给你多少一定得拿走多少。你看挑担子的人，两头一样沉才能走得远。一头沉一头轻你试试？走不了几步就得停下。

◆爱越分越多，爱是个银行，不怕花钱，就怕不存钱。

◆靠山山倒，靠人人老。靠来靠去你就发现了，最后你靠的还是你自己。

◆自己不倒，啥都能过去；自己倒了，谁也扶不起你。

◆多么富裕都没有年轻富裕啊。年轻的富裕就是胳膊是胳膊，腿是腿。年龄大了富裕管个啥？眼也花了，牙也掉了，浑身都穷了。千金散尽还复来，健康一去无处求。

◆念书的人不管长啥样，你仔细看都好看，书念得越多人长得越俊。没念过书的人眼神都是傻的。无论男人女人，腹有诗书才是底蕴和装饰品。

参考文献

［1］房西苑：《资本的游戏》，机械工业出版社，2015 年版。

［2］黎万强：《参与感：小米口碑营销内部手册》，中信出版社，2014年版。

［3］陈威如，余卓旋：《平台战略：正在席卷全球的商业模式革命》，中信出版社，2013 年版。

［4］郑翔洲：《资本与商业模式顶层设计——互联网时代如何发现企业高利润区》，电子工业出版社，2014 年版。

［5］石泽杰：《无边界竞争》，机械工业出版社，2016 年版。

企业家点评

一个人重要的不是在修生命，而是生命在哪里显现，任何行业都是长江后浪推前浪，培训业也不例外，当 80 后、90 后入主江湖，一切游戏规则将重新书写，杨可以这类年轻人，我很欣赏！

——思八达企业发展集团董事局主席　刘一秒

时机不成熟时，学会像水一样积蓄自己的深度和力量，时机一到，你就可以奔流入海，成就自己的生命，杨可以这批年轻人，后生可畏，希望你们向水学习、像大树一样活着！

——新东方集团董事局主席　俞敏洪

过去不等于未来，今天没有得到你想要的，明天即将得到更好的，你是最棒的，你是最优秀的，杨可以加油。失败一定有原因，成功一定有方法，希望一起努力在最短的时间内帮助更多人成功。

——安之国际机构、成功学权威　陈安之

生命的过程就是学习的过程，要不断遵循吸引力法则，达成集体潜意识的力量就会有更多不可思议的事情发生在你的身上，杨可以是湖南同乡，一起学习、向他学习、共同学习，打造学习型中国。

——学习型中国委员会执行主席　刘景澜

真正好的创业者看重的不是钱，而是创业的经验与智慧。我不怕投错，就怕错过，投资标准只有一个——就是人，杨可以品行好，创业素养又不错，这是一个年轻人的时代，我相信未来，我愿意和历史打个赌，去包容他们，相信他们会有更好的未来！

——真格天使基金创始人　徐小平

本书实战性非常强，语言精练生动，给人以深刻的思考，杨老师的书与培训的适合性都很强，前几年杨老师还小，我们经常商量与探讨，让云彩国际成功转型升级，达到预期的盈利效果。

——北京云彩国际整体形象设计有限公司　乔一

市场上商业管理书籍很多，但杨先生把商业模式课题研究得如此深刻，又能讲解得如此深入人心，实在是难能可贵！

——中国台湾红珊瑚珠宝集团公司　林金銮

杨老师每出一本书，我们都认真阅读，他的书不仅开阔了我们的视野，还丰富了我们的思路，更给予我们切实的指导，我们董事会决定，我们公司模式设计和营销系统就交给您来打造！！

——上品神韵珠宝翡翠有限公司创始人　卓玛措

以前我以为杨老师做得最好的是他的"绝对管控"系统，看到这本书后才知道，原来他的商业路线图这么牛，杨老师的观点对我们发展连锁事业有很大帮助，几年来的困惑被他一步步解开，欢迎杨老师第四次来我公司！

——广东道道达保险代理有限公司董事长　王湘东

杨可以先生是我见过最牛的80后导师，没有之一，他的演讲思维很像国学大师南怀瑾先生。南怀瑾是当代最具盛名的杂家宗师，杨老师像南怀瑾一样，非常跳跃，一个点都有讲不完的经历，希望杨可以老师也能多像南怀瑾一样造福、激活苍凉的生命，加油！

——四季康美艺术文化之旅导演　蓝天

行业洗牌加剧，大量中小企业出现生存危机，让我们这些老板也焦头烂额，杨老师这本书值得认真阅读研讨！

——金坪烟花制造、上栗花炮连锁集团公司董事长　秦斌武

杨可以老师让我知道什么叫盈利模式，什么叫绝对管控，看过、听过很多情感电路，是最务实的商业奇才！

——贵阳泉安消防工程有限公司董事长　肖永茂

看到杨可以先生这本《企业盈利破局》，我们恳请您尽快安排时间与我们会面，再次为我们传经送宝！

——景地房地产开发集团公司董事局主席　陈才旺

杨可以这么年轻，大家就叫他大师我觉得不太妥当，但从他的学识、阅历、经验来看，我觉得他确有大师的资质。杨先生江湖人称九哥，所以其新书上市，我先买99本表示祝贺。

——四季爱心助学促进会副会长贸易公司总裁　杨丹